AF814753

Schuldpflicht und Haftung.

Von

Emil Strohal.

Sonderabdruck aus der Festgabe der Leipziger Juristenfakultät
für Dr. Karl Binding.

München und Leipzig.
Verlag von Duncker & Humblot.
1914.

Schuldpflicht und Haftung.

Von

Emil Strohal.

Erster Abschnitt.

Schuld im Sinne von Schuldpflicht.

I.

Als ich in meiner im Sommer 1910 veröffentlichten Schuldübernahme[1] die bisherige Lehre über diesen Gegenstand auf der ganzen Linie bekämpfte und ihr eine wesentlich andere entgegenstellte, durfte ich nicht erwarten, daß meine Auffassung sich in allen erheblichen Punkten sofort und kampflos durchsetzen werde. Für sicher hielt ich insbesondere, daß mir eine von germanistischer Seite erfolgende Meinungsäußerung den erwünschten Anlaß geben werde, mich über das Maß der Verwertbarkeit der germanistischen Lehre von Schuld und Haftung für die Theorie der modernen Schuldübernahme noch bestimmter auszusprechen, als dies in meiner vorerwähnten Abhandlung geschehen war und geschehen konnte. Denn, als ich sie schrieb, war die germanistische Dogmatik zu einer auf dem Gegensatz von Schuld und Haftung aufgebauten und in sich geschlossenen Ausgestaltung der Schuldübernahme noch nicht gelangt. Konnte die Richtung, nach welcher eine solche vielleicht versucht werden mochte, auch schon einigermaßen übersehen werden, so würde es doch voreilig gewesen sein, wenn ich sie schon im Voraus zum Gegenstand einer kritischen Erörterung gemacht hätte.

Der Grund der von mir beobachteten Zurückhaltung ist weggefallen, seit v. Gierke in seinem Beitrag zur Festschrift der Berliner Juristenfakultät für v. Martitz (1911) das Wort er-

[1] Erschienen in Iherings J. 57, S. 231—492 und in Sonderabdruck. Die Abhandlung wird in Bruchform zitiert, wobei der Zähler die Seitenzahl in den Jahrb., der Nenner die des Sonderabdrucks bezeichnet.

griffen hat. Er handelt hier über „Schuldnachfolge und Haftung, insbesondere kraft Vermögensübernahme“ und verhält sich dabei zu meinen Ausführungen teils zustimmend teils widersprechend. Im folgenden wird zunächst festzustellen sein, wie weit die Zustimmung reicht und wo der Widerspruch einsetzt. Erst dann wird in eine sachliche Würdigung der positiven Lehre v. Gierkes eingetreten werden.

Zu meiner Schuldübernahme haben außer O. v. Gierke auch Hellmann[2] und Knoke[3] in längeren Ausführungen Stellung genommen. Soweit es der Rahmen dieser Abhandlung, die sich nicht in Einzelheiten verlieren, sondern nur dem Hauptproblem gewidmet sein soll[4], zuläßt, wird auch das Vorbringen der eben genannten Schriftsteller Berücksichtigung finden.

II.

Nach meinen Darlegungen a. a. O. besteht das Wesen der rechtsgeschäftlichen Schuldübernahme darin, daß die schuldrechtliche Haftung des Altschuldners für das durch das bisherige Schuldverhältnis inhaltlich bestimmte gläubigerische Bekommensollen kraft des Willens der vertragschließenden Parteien, aber ohne eiuen

---

[2] KrVJSchr. 49, S. 488—528.

[3] Jherings J. 60, S. 407—466.

[4] Ganz außerhalb des Rahmens der vorliegenden Abhandlung bleibt der im BGB. § 415 geregelte Fall der Schuldübernahme. Nach der in meiner Schuldübernahme, S. 439 ff. / 209 ff. vertretenen Auffassung handelt dabei der die Schuldübernahme mit dem Übernehmer vereinbarende und dem Gläubiger dadurch ein Forderungsrecht gegen diesen ausbedingende Altschuldner — da eine Beurteilung nach dem Rechte der Verträge zugunsten Dritter völlig ausgeschlossen ist — als vollmachtloser Vertreter des Gläubigers. Es scheint mir beachtlich, daß Regelsberger in der 2. Auflage seines bayerischen Hypothekenrechts (1895) zu einer verwandten Auffassung gelangt war. Er bemerkt nämlich a. a. O. S. 450: „Der Vertrag zwischen dem Veräußerer und dem Übernehmer wirkt daher für den Gläubiger ähnlich wie der Vertrag eines unbevollmächtigten Stellvertreters für den Vertretenen. Er erzeugt nicht schon die Haftung des Übernehmers, wohl aber die Möglichkeit für den Gläubiger durch seine Genehmigung, diese Haftung ins Leben zu rufen, freilich unter Vernichtung der Haftung des bisherigen Schuldners.“

Eintritt des Neuschuldners in das Vermögen des Altschuldners, durch die schuldrechtliche Haftung des Neuschuldners ersetzt wird. Notwendige Folge dieser privativen Schuldübernahme ist daher die Enthaftung des dem Gläubiger für sein Bekommensollen bisher haftenden Vermögens des Altschuldners nnd die Verhaftung des ihm bisher nicht haftenden Vermögens des Neuschuldners. Die Schuldübernahme hebt sich hierdurch wesentlich von zwei Vorgängen ab, die man mit ihr in Parallele zu stellen bisher gewohnt war: nämlich von der Haftung des Erben für die auf ihn vererbten Schulden nnd von der Haftung des Übernehmers eines Vermögens für die auf diesem zur Zeit des Übernahmevertrags bereits lastenden Schulden. Denn wie die Haftung des Erben für die vererbten Schulden, so beruht auch die in § 419 BGB. bestimmte Schuldenhaftung des Vermögensübernehmers auf der rechtlichen Verknüpfung der Schulden mit dem Vermögen des Schuldners, in dessen Person sie entstanden sind. Kraft dieser Verknüpfung dauert die Haftung des vom Erblasser auf den Erben übergegangenen bezw. des vom bisherigen Vermögensinhaber an den Übernehmer veräußerten Vermögens ungeachtet des Wechsels in der Person des Vermögensträgers fort.

In allen diesen Punkten stimmt mir v. Gierke vollständig zu.

Es handelt sich nun darum, den bei der Schuldübernahme sich vollziehenden Vorgang juristisch zu beurteilen. Die Entwickelung der unter dem Einfluß von Windscheid[5] und Gürgens[6] zur Herrschaft gelangten Lehre von der Schuldübernahme war nur dadurch möglich geworden, daß die gemeinrechtliche Wissenschaft sich einen von der schuldnerischen Haftung für das gläubigerische Bekommensollen völlig abstrahierenden Obligationsbegriff gebildet hatte. Darüber sind wir auf Grund der Anregungen und Ausführungen von E. J. Bekker, Brinz und Hart-

---

[5] Vgl. denselben in der Krit. Überschau 1, S. 27 ff. und dessen Actio, S. 213 ff.

[6] Iherings J. 8, S. 221—308.

mannn[7] allmählich hinausgekommen. Die richtige Erkenntnis und Würdigung der Haftung ist aber dann ganz besonders durch die bekannten Forschungen v. Amiras, P. Puntscharts, Eggers, O. v. Gierkes[8] über die Entwickelung des altgermanischen Schuldrechtes gefördert worden. Der Eindruck der für das altgermanische Recht gewonnenen Ergebnisse wurde noch wesentlich dadurch verstärkt, daß die von J. Partsch[9] hinsichtlich des altgriechischen und neuestens von Koschaker[10] in Ansehung des babylonisch-assyrischen Rechts geführten eindringenden Untersuchungen eine der des altgermanischen Rechts analoge Entwickelung nachgewiesen haben. Auf die in den genannten Rechten uns entgegentretenden ähnlichen Erscheinungen weisen, wie heute kaum mehr bezweifelt wird, aber auch die Zeugnisse hin, die uns über die Gestaltung des altrömischen Schuldrechtes erhalten geblieben sind[11].

Kindlich-naiv würde es nun freilich sein, wenn man das, durch die der Rechtsbildung noch jugendlicher Völker zugewandte rechtshistorische Arbeit, bezüglich des Verhältnisses von Schuld und Haftung Ermittelte wahl- und planlos auch auf unser entwickeltes heutiges Recht übertragen wollte. Daran wird aber im

---

[7] Genauere Nachweisungen in meiner Schuldübernahme, S. 275/45. Vgl. übrigens außer den im Texte Genannten auch noch V. Puntschart, Die moderne Theorie des Privatrechts und ihre grundbegrifflichen Mängel (1893), besonders S. 204 ff. und Wendt, Pandekten, §§ 177, 178. Über Binders Stellung vgl. unten S. 29 ff.

[8] Genauere Nachweisungen in meiner Schuldübernahme, S. 276/46. Dazu jetzt noch v. Schwerin, Schuld und Haftung im geltenden Recht (1911), ferner Buch, Die Übertragbarkeit von Forderungen im deutschen mittelalterlichen Recht (1912).

[9] Vgl. meine Schuldübernahme, S. 276/46.

[10] Babylonisch-Assyrisches Bürgschaftsrecht. Ein Beitrag zur Lehre von Schuld und Haftung (1911).

[11] Vgl. neuestens R. v. Mayr, Römische Rechtsgeschichte I, 2 (1912), S. 57 ff., Pacchioni, Concetto e origini dell' obligatio Romana (1912), S. 1—174, Marchi, Storia e concetto della obligatione Romana, I (1912). Cornil, Debitum et Obligatio, Recherches sur la formation de la notion de l'obligation romaine, Mélanges Girard, I, p. 193—263.

Ernste von niemand gedacht. Ich selbst habe mich gegen ein solches Verfahren nachdrücklich verwahrt[12].

Der dogmatische Wert jener Forschungen ist aber darin zu erblicken, daß sie zu einer dem großen Zuge einer weitverzweigten historischen Entwickelung entsprechenden realistischen Beurteilung von Sachverhalten drängt, denen die in unserer Zivilistik lange vorherrschende abstrakt-formalistische Methode nicht gerecht werden konnte. Uud nach dieser Richtung bot mir die germanistische Lehre allerdings willkommene Waffenhilfe[13].

Mit O. v. Gierke und vielen anderen weiß ich mich insbesondere darin einig, daß ein befriedigender Aufbau unseres Vermögensrechtes ohne ausgiebige Berücksichtigung der Haftung in ihren verschiedenen Gestaltungen gar nicht möglich ist[14]. Trotzdem besteht zwischen meiner und v. Gierkes Auffassung ein das Verhältnis von Schuld und Haftung betreffender sehr erheblicher Unterschied, den v. Gierke (S. 42) darauf zurückführen zu können glaubt, daß ich zwar den germanistischen Haftungsbegriff, nicht aber auch den germanistischen Schuldbegriff verwerte[15]. Wie es sich damit verhält, soll durch spätere Erörterungen klargestellt werden[16].

III.

Es liegt im Wesen jeder wie immer gearteten Haftung als eines Eingesetztseins von Etwas für Etwas, daß man dabei zwischen dem „Wofür" und dem „Womit" der Haftung zu unterscheiden hat. Das Wofür der Haftung ist ein bestimmter Erfolg, dessen jemand (der Gläubiger) eventuell gewärtig sein darf. Eine solche Bestimmtheit eines zu jemandes gunsten in Aussicht ge-

---

[12] Schuldübernahme, S. 291/61).

[13] Vgl. v. Gierke a. a. O. S. 40.

[14] Vgl. dazu aus jüngster Zeit E. Weiß, Zur Lehre von Schuld und Haftung im österreichischen Recht, Sonderabdruck aus österr. Zentralbl. f. jurist. Praxis (1913).

[15] Dieser Bemerkung v. Gierkes stimmt zu Buch, Die Übertragbarkeit von Forderungen, S. 68.

[16] Vgl. dazu unten S. 92 ff.

nommenen Erfolges ist ein notwendiges Tatbestandsmoment bei jedem Haftungsverhältnis. Sie kann aber auch schon vor dem Eintritt einer Haftung im Voraus im Hinblick auf deren späteren Eintritt gegeben sein [17]. Das für diesen Erfolg Eingesetzte kann sowohl eine Person als auch eine Sache (ein Gegenstand) sein. Aus der Haftung ergibt sich für denjenigen, zu dessen gunsten sie besteht, ein Recht auf deren Realisierung und man bezeichnet daher die hierher gehörenden Rechte am besten als Rechte aus Haftungen [18].

Die auf schuldrechtlicher (persönlicher) Haftung [19] beruhenden Rechte sind die Forderungsrechte. Die aus Sach-(Gegenstands-) Haftung entspringenden Rechte zerfallen in zwei Untergruppen. Die eine von ihnen wird durch das Pfandrecht und die sonstigen pfandrechtsartigen Rechte (Fahrnispfandrecht, Pfandrecht an Rechten, Hypothek, Grundschuld, Rentenschuld, Reallast), gebildet [20], die

[17] Weiteres hierüber unten S. 97 ff., wo unter anderen auch von Fällen zu reden sein wird, in denen der Eintritt einer Haftung für den Erfolg, dessen jemand eventuell gewärtig sein darf, zwar schlechthin ausgeschlossen ist, der Bestimmtheit des Erfolges aber doch nach anderer Richtung ein gewisses Maß von rechtlicher Bedeutung zukommt.

[18] Der Ausdruck ist in der Literatur bereits geläufig. So spricht insbesondere v. Gierke, Deutsches Privatrecht, II, S. 602 von „dinglichen Haftungsrechten", womit zugleich anerkannt ist, daß es auch Rechte aus Haftungen gibt, die nicht dinglicher Natur sind.

[19] Darüber, daß sich der Begriff der „schuldrechtlichen" Haftung mit dem der „persönlichen" Haftung nicht ganz deckt, vgl. unten S. 46.

[20] Terminologisch anders M. Wolff, Sachenrecht (2. Bearb.). Gegen die von ihm gewählte Bezeichnung der im Texte genannten Rechte als „Verwertungsrechte" ist natürlich nichts einzuwenden. Überraschend ist es jedoch, wenn er beifügt (S. 4), man könne diese Rechte, sofern sie zur Sicherung einer Forderung dienen, zwar auch als „dingliche Haftungsrechte" bezeichnen, nicht aber auch dann, wenn sie von einer persönlichen Forderung unabhängig sind. Es ist unverständlich, warum bei einer Grundschuld ein Recht des Gläubigers aus einer Sachhaftung weniger vorliegen soll als bei einer Hypothek. Die erwähnte Haltung Wolffs scheint sich aus dem zu erklären, was er in seinem § 131 (S. 450) Anm. 4 ausführt. Er spricht sich daselbst gegen eine Zerlegung des Gläubigerrechts in ein „gläubigerisches Bekommensollen" und eine „Sachhaftung" aus. Allein eine solche Zerlegung wird von denjenigen, welche wie bei der Hypothek so auch bei der Grundschuld von einem Recht aus der Sachhaftung

andere durch die Rechte aus einer bewilligten oder auf Grund einer einstweiligen Verfügung[21] eingetragenen Vormerkung[22]. Während die Rechte der zweiten Untergruppe insoferne streng akzessorisch sind, daß sie nur zur Sicherung eines Forderungsrechts dienen können und somit den Bestand eines solchen Rechtes zur notwendigen Voraussetzung haben, sind die der ersten Untergruppe angehörenden Rechte teils akzessorische, teils völlig auf sich gestellte d. h. von dem Bestande eines Forderungsrechts gänzlich unabhängige Haftungsrechte [Fälle reiner Sach-(Gegenstands-)haftung].

---

reden und dabei zugleich die Annahme eines Leistensollens des Sacheigentümers als solchen ablehnen, durchaus nicht vorgenommen. Der Grundschuldgläubiger hat nach dieser Auffassung nur ein Recht, nämlich das ihm aus der Sachhaftung erwachsende. Allein wie jedes andere Recht aus einer Haftung, so kann auch das Recht aus einer reinen Sachhaftung nur durch Festlegung des Wofür der Haftung einen Inhalt erhalten. Über diesen Punkt kommt man übrigens auch dann nicht hinaus, wenn man von einem Verwertungsrecht redet. Denn das Verwertungsrecht hat man nicht schlechthin, sondern immer nur in Ansehung eines Betrags, für den der zu verwertende Gegenstand haftet. M. Wolff findet ferner eine Schwierigkeit in dem Falle, wo das Wofür der Haftung z. B. 1000, der Wert der haftenden Sache dagegen nur 600 beträgt. Wie verhält es sich hier — so frägt er — mit dem Befehl der Rechtsordnung, daß der Gläubiger 1000 bekommen soll, wem ist die Bewirkung der Leistung anbefohlen, in welchem Sinne ist der Befehl der Rechtsordnung zu verstehen? Darauf ist zu antworten, daß in der bloßen Festlegung desjenigen, was jemand eventuell bekommen soll, ein Rechtsbefehl gar nicht enthalten ist (vgl. auch v. Schwerin, S. 8), und daß nach der hier vertretenen Ansicht dem Recht aus der Sachhaftung eine Leistungspflicht überhaupt nicht gegenübersteht. Aus der Festlegung des Wofür der Haftung ergibt sich nur das Maß desjenigen, was der Berechtigte im Wege der Realisierung der Haftung eventuell für sich soll bekommen können und damit zugleich die Grenze, über die hinaus eine Realisierung ausgeschlossen ist. Ob der Berechtigte das ganze Wofür der Haftung durch deren Realisierung auch wird erlangen können, hängt selbstverständlich von dem Ergebnis ab, zu dem die Verwertung der haftenden Sache führt.

[21] Die von Amts wegen einzutragenden Vormerkungen haben gewisse Eigentümlichkeiten, auf die hier nicht eingegangen werden kann; vgl. übrigens Bohmeyer, Die Vormerkung von Amts wegen nach der GBO. (1910).

[22] Dazu meine Relative Unwirksamkeit (1911), S. 58 ff., besonders Anm. 125. Bedenken gegen die Annahme einer Haftung bei Binder in Goldschmidts Z. 72, S. 541. Über die eigenartige Natur der hier in Frage kommenden Haftung behalte ich mir weitere Ausführungen vor.

Die übliche Fassung der germanistischen Lehre von Schuld und Haftung legt Wert auf die Feststellung, daß jede Haftung in notwendiger Beziehung zu einer Schuld stehe, für die gehaftet werde[23]. Dies ist zweifellos richtig, wenn man unter Schuld nichts weiter versteht, als die rechtliche Bestimmtheit des Erfolges, welcher dem Berechtigten zu teil werden und durch die Haftung gesichert werden soll. Die Formel: „keine Haftung ohne Schuld" erweist sich dagegen in dieser Allgemeinheit als unzutreffend, wenn unter Schuld ein Rechtsverhältnis zwischen zwei Personen verstanden wird, zufolge dessen die eine (der Schuldner) der anderen (dem Gläubiger) etwas leisten soll[24], und die Unrichtigkeit wird noch verstärkt, wenn man sich dabei das Leistensollen als gleichbedeutend mit Verpflichtetsein denkt.

Schon im altgermanischen, im altgriechischen und im babylonisch-assyrischen Recht begegnen wir Haftungsverhältnissen, bei denen es an einem Schuldner, für dessen Leistensollen gehaftet wird, gänzlich fehlt[25]. Nach heutigem Recht verhält es

---

[23] Vgl. v. Amira, Nordgermanisches Obligationenrecht, I, S. 39 ff., II, S. 65 ff.; P. Puntschart, Schuldvertrag und Treugelöbnis, S. 114; v. Gierke, Schuld und Haftung, S. 98 ff.

[24] Der entschiedenste und konsequenteste Vertreter dieser Auffassung ist v. Gierke; vgl. über und gegen seine Lehre die späteren Ausführungen auf S. 80 und S. 92 ff.

[25] Nachweisungen hierzu in meiner Schuldübernahme, S. 286 f./56 f. Bezeichnend ist, daß die babylonische Rechtssprache nicht einmal einen technischen Ausdruck für dasjenige kennt, was v. Gierke und andere Germanisten als das, abgesehen von jeder Haftung, angeblich vorhandene Leistensollen des Schuldners bezeichnen, wohl aber einen solchen Ausdruck für das aus der schuldrechtlichen Haftung des Schuldners entspringende Gläubigerrecht; vgl. Koschaker a. a. O. S. 133 f. S. ferner v. Amira in der Rezension von Gierkes Schuld und Haftung ZRG. (Germ. Abt.) 31, S. 384 ff., v. Schwerin, S. 6 ff., A. Schultze an dem Anm. 29 a. O. In Schuldnachfolge und Haftung, S. 42, bezeichnet es v. Gierke als inkonsequent, daß ich den germanischen Schuldbegriff auf der Gläubigerseite durchführe, auf der Schuldnerseite dagegen abweise. Hierzu habe ich zu bemerken, daß ich allerdings das Vorhandensein eines rechtlichen Leistensollens überall dort leugne, wo die Rechtsordnung den Eintritt einer schuldrechtlichen Haftung schlechthin ausschließt. Hiermit steht es aber doch nicht in Widerspruch, wenn ich Gläubigerrechte aus reiner Sachhaftung an-

sich nicht anders. Eine Schuld im Sinne eines Leistensollens und daher auch ein Schuldner, der leisten soll, ist insbesondere ganz unerfindlich in den Fällen der reinen Sach-(Gegenstands-)haftung[26]. Was aber die Fälle der akzessorischen Haftung betrifft, so ist die Annahme abzulehnen, daß neben der Schuld des für das gläubigerische Bekommensollen schuldrechtlich Haftenden, zu deren Sicherung die Sachhaftung besteht, auch noch eine weitere Schuld im Sinne des Leistensollens vorliege, die den Eigner des

---

erkenne, d. h. Fälle, in denen dem Gläubiger ein Schuldner, den ein rechtliches Leistensollen träfe, nicht gegenübersteht. Von einer Schuld kann man in diesen Fällen nur reden, wenn man darunter nicht das Leistensollen des Schuldners, sondern lediglich die Bestimmtheit des Wofür der Haftung versteht (vgl. über diese Verwendung des Ausdrucks Schuld S. 97 ff. dieser Abhandlung). Nicht zutreffend ist es ferner, wenn v. Gierke a. a. O. Anm. 2 bemerkt, es sei für meine Auffassung charakteristisch, daß ich in den Fällen der Schuld ohne Haftung zwar ein unvollkommenes Gläubigerrecht anerkenne, aber eine unvollkommene Schuldnerverbindlichkeit verneine. Ein weiteres Eingehen auf diesen Punkt kann hier jedoch deshalb unterbleiben, weil die Fälle der Schuld ohne Haftung später ohnedies eingehende Erörterung finden werden (vgl. S. 97 ff. dieser Abhandlung).

[26] Über die hierher gehörenden Fälle des heutigen Rechts vgl. meine Schuldübernahme, S. 283 ff./53 ff., 301. Beachtlich auch das sächsische Gesetz über das Pfandleihgewerbe vom 27. Mai 1910, das übrigens in seinem Grundgedanken sowohl mit dem älteren sächsischen Recht als auch mit zahlreichen deutschen Partikulargesetzen übereinstimmt. Vgl. jetzt auch Schweizer ZGB. Art. 907—915. Aus der in den §§ 1001—1003 BGB. unter den daselbst angegebenen Voraussetzungen bestimmten reinen Sachhaftung will Reichel, Jherings J. 59, S. 434 f. einen von ihm sogenannten „unklagbaren (schuldrechtlichen) Anspruch" konstruieren, für den alles das gelten soll, was er in Jherings J. 60, S. 38 ff. bezüglich aller dieser Ansprüche ausführt. Hiernach soll der Gläubiger aus der im § 1003 festgelegten Haftung dem Eigentümer der haftenden Sache gegenüber insbesondere auch zur Befriedigung im Wege der Aufrechnung berechtigt sein (a. a. O. S. 58 ff.). Diese und andere Konsequenzen gewinnt Reichel auf Grund abstrakter Erörterungen, welche die Fühlung mit dem Gesetz und die sorgfältige Prüfung der einzelnen unter die sogenannten „unklagbaren Ansprüche" eingereihten Fälle vermissen lassen. Sie können daher nicht angenommen werden. Was speziell das Recht des Gläubigers zur Befriedigung im Wege der Aufrechnung betrifft, so setzt es notwendig ein gewisses Maß von schuldrechtlicher Haftung des Schuldners, gegen den aufgerechnet wird, voraus, wie es z. B. in § 56 BörsenG. (vgl. auch dessen § 57) anerkannt ist. Aus der reinen Sachhaftung des § 1003 BGB. kann sich ein Recht des Gläubigers zur Befriedigung im Wege der Aufrechnung unmöglich ergeben.

haftenden Gegenstands als solchen treffe[27]. Die Erörterung hierüber soll jedoch an dieser Stelle nicht weiter geführt werden und zwar umsoweniger als auch v. Gierke, obschon zum Teil anderer Meinung, auf den ebenbezeichneten Punkt in seiner jüngsten Schrift nicht weiter eingeht[28].

IV.

Die germanistische Forschung ist von einer endgültigen Feststellung des Verhältnisses von Schuld und Haftung zur Zeit noch so weit entfernt, daß jede neue tiefer bohrende Untersuchung die bisherige Fragestellung verschiebt und gar manches von dem als problematisch erscheinen läßt, was man noch kurz vorher als sicher annehmen zu können glaubte[29]. Im heutigen Recht liegen die

---

[27] Dazu meine Schuldübernahme, S. 282 ff./52 ff. S. neuestens auch v. Tuhr, Allg. Teil I, S. 116 ff., M. Wolff, Sachenrecht (zweite Bearbeitung) § 131 II, v. Schwerin a. a. O. S. 17, Hellmann a. a. O. S. 506, Puntschart (in Goldschmidts Z. 71, S. 315). Vgl. übrigens noch weiter unten S. 115 Anm. 118.

[28] Schuldnachfolge und Haftung, S. 41 Anm. 4.

[29] Neues Licht auf die einschlagenden Fragen wirft insbesondere das Buch von H. Planitz, Die Vermögensvollstreckung im deutschen mittelalterlichen Recht, Bd. 1 (1912). Darüber Schreiber in Göttingischen gelehrten Anzeigen 1912 S. 569 ff., A. Schultze in ZRG. 33 (Germ. Abt.) S. 606 ff. und G. Hugelmann in Grünhuts Z. 40, 272 ff. Im Gegensatz zu anderen Germanisten, insbesondere zu v. Gierke, versteht Planitz unter „Schuld" nicht ein auf sich gestelltes Leistensollen des Schuldners, aus dem sich für den Gläubiger keine wie immer geartete Macht ergibt; er gebraucht den Ausdruck Schuld vielmehr im Sinne von schuldrechtlicher Verpflichtung, Schuldpflicht (vgl. dazu die weiteren Ausführungen im Texte dieser Abhandlung), und nimmt an, daß dem Gläubiger aus einer Schuld, die nach den Regeln des Schuldrechts zustande gekommen war (S. 200, 203), bereits die Macht erwuchs, gegen den Schuldner indirekten Zwang zur Bewirkung der geschuldeten Leistung zu üben. Die hierzu verwendeten Mittel waren (nach Planitz) einerseits: die formelle Mahnung, die Herbeiführung der Bußfälligkeit des Schuldners, eventuell dessen Friedloslegung; andererseits: die außergerichtlich, also im Wege der Selbsthilfe, erfolgende Pfandnahme, infolge deren der Gläubiger an dem genommenen Pfande zunächst nur ein Zurückbehaltungsrecht erhielt (S. 1—14). Auf der hierdurch gegebenen Grundlage — so nimmt Planitz weiter an — hat sich dann schon im Mittelalter die normale Zwangsvollstreckung wegen Schuld entwickelt (S. 14 ff.). — Über die rechtliche Macht des Gläubigers als solchen vergleiche übrigens schon v. Amira, Nordgermanisches Obligationenrecht I, 64 ff., II, 85 ff. Siehe

Dinge wesentlich einfacher. Denn wenn wir uns fragen, was die Ausdrücke „Schuldverhältnis", „Schuldner", „Schuld" in der heutigen Rechtssprache und insbesondere in der des BGB. bedeuten, so erhalten wir darüber Auskunft durch §§ 241, 242 BGB. Darnach ist das Schuldverhältnis ein Verhältnis zwischen zwei Personen, kraft dessen die eine Person, der Gläubiger, berechtigt ist, von der anderen, dem Schuldner, eine Leistung zu fordern und diese Person jener gegenüber verpflichtet ist, die Leistung zu bewirken. Das Recht des Gläubigers heißt Forderung (Forderungsrecht), die Verpflichtung des Schuldners Schuld (Schuldpflicht)[30]. Als gleichbedeutend mit Schuld in diesem Sinne verwendet das BGB. an verschiedenen Stellen den Ausdruck „Verbindlichkeit"[31], etwas schulden (Schuldner sein) heißt endlich zu einer Leistung schuldrechtlich verpflichtet sein.

An einzelnen Stellen versteht jedoch das Gesetz unter Schuld nicht die Verpflichtung des Schuldners zur Leistung, sondern nur dasjenige, zu dessen Leistung der Schuldner verpflichtet ist, bezw. was der Gläubiger zu fordern hat (vgl. z. B. 244, 245, 246, 288, 291, 301 BGB.) und bei dem Ausdruck „Grundschuld" fehlt sogar jede Beziehung zu einer dem Recht des Gläubigers gegenüberstehenden Verpflichtung einer anderen Person, sondern bedeutet Schuld zunächst dasjenige, was der Gläubiger kraft seines Rechtes aus dem belasteten Grundstück bekommen soll, außerdem aber wohl auch das durch die Haftung des Grundstückes begründete Recht des Gläubigers[32], sich in An-

aus jüngster Zeit auch noch Heinrich Mitteis, Rechtsfolgen des Leistungsverzugs beim Kaufvertrag nach niederländischen Quellen des Mittelalters (1913) S. 140 ff., besonders S. 142: „Das Wesen der Obligation ist eben dem deutschen Recht nie Ohnmacht gewesen, sondern Herrschaft, auch schon vor der Fälligkeit."

[30] Vgl. zu diesem Ausdruck meine Schuldübernahme S. 290/60, Anm. 89 und jetzt Schweizer-Obligationenrecht Art. 72, 73, 101.

[31] Vgl. beispielsweise §§ 339, 340, 341, 345, 357, 358, 360, 656, 762, 765, 766, 769, 770.

[32] Die Grundschuld in diesem Sinne ist eine Gläubigerschuld im Sinne des mittelalterlichen deutschen Rechts (ohne eine ihr entsprechende Schuldnerschuld).

setzung dieses Bekommensollens aus dem Grundstück zu befriedigen[33]. Die zuletzt erwähnten Bedeutungen von Schuld bedürfen vorerst[34] keiner weiteren Erörterung. Über die Hauptbedeutung von Schuld = Schuldpflicht, Verpflichtung, Verbindlichkeit zu einer Leistung bleibt aber noch einiges zu sagen.

Es ist vielfach behauptet worden, daß Schuld im Sinne von Schuldpflicht auch für das heutige Recht nichts weiter sei als ein auf sich gestelltes, d. h. von jeder Haftung unabhängiges Leistensollen des Schuldners und daß die Möglichkeit eines vom Schuldner zur Durchsetzung dieses Leistensollens zu übenden Zwanges mit dem Wesen der Schuld und des aus ihr dem Gläubiger erwachsenden Forderungsrechtes nicht das Geringste zu tun habe[35]. Allein diese Auffassung ist nicht von dieser Welt, sie verkennt den Zweck der Privatrechtsordnung und die Dynamik der Kräfte, zu deren Auslösung sie den privatrechtlich Berechtigten befugt, und sie versagt bereits, wenn man sich die einfache Frage vorlegt, wodurch sich die schuldrechtliche Verpflichtung von Sachverhalten unterscheidet, bei denen die Rechtsordnung eine Schuldpflicht nicht anerkennt.

Zur Erläuterung des soeben Gesagten mag zunächst die Vorschrift des BGB. § 1624 Abs. 1 herangezogen werden:

---

[33] Über die Verwendung des Ausdrucks „Schuld" in BGB. § 762 Abs. 2 vgl. unten S. 98.

[34] Auf die verschiedene Bedeutung des Ausdrucks Schuld wird übrigens in anderem Zusammenhange noch zurückzukommen sein; vgl. S. 97 ff.

[35] Für die im Texte abgelehnte Ansicht hatte sich einst mit großer Schärfe besonders Sohm ausgesprochen, indem er das Wesen der Obligation als Ohnmacht bezeichnete. Vgl. hierüber und dagegen meine Schuldübernahme, S. 305 ff./75 ff. und die daselbst berufenen Schriftsteller. Daselbst ist auch bereits bemerkt, daß Sohm diese Auffassung seitdem aufgegeben hat. In die ältere Auffassung Sohms mündet aber neuestens wieder vollständig ein Enneccerus in seinem Lehrbuch. Genaueres hierüber weiter unten S. 83 ff. Nicht hierher gehört dagegen v. Gierke, dessen deutschrechtliche Schuld sich von dem, was im Texte als Schuldpflicht (Verbindlichkeit, Verpflichtung, Obligation im passiven [illegible]) bezeichnet wird, sehr wesentlich abhebt. Vgl. dazu die weiteren Ausführungen im Texte S. 92 ff.

„Was einem Kinde mit Rücksicht auf seine Verheiratung oder auf die Erlangung einer selbständigen Lebensstellung zur Begründung oder zur Erhaltung der Wirtschaft oder der Lebensstellung von dem Vater oder der Mutter zugewendet wird (Ausstattung), gilt auch, wenn eine *Verpflichtung nicht besteht*, nur insoweit als Schenkung, als die Ausstattung das den Umständen, insbesondere den Vermögensverhältnissen des Vaters oder der Mutter entsprechende Maß übersteigt."

Das Gesetz stellt hier dem Falle einer den Vater bezw. die Mutter des Kindes treffenden rechtlichen Verpflichtung zur Gewährung einer Ausstattung, wie sie durch § 1620 (bezüglich der Aussteuer) gegeben ist, den anderen Fall gegenüber, wo es die Gewährung einer Ausstattung zwar für nicht unangebracht erachtet und aus diesem Grunde offenbar begünstigt, ohne jedoch das hierbei unter Umständen vielleicht anzuerkennende sittliche Soll zur Rechtspflicht zu erheben. Ein gewisses Maß von Aussicht auf Gewährung einer angemessenen Ausstattung hat das Kind, obschon es sie *nicht verlangen kann*, sicherlich auch in diesem Falle. Erfüllt sich aber die Erwartung des Kindes, und wird ihm also die angemessene Ausstattung von dem Vater bezw. der Mutter tatsächlich gewährt, so kann das Geleistete nicht als indebitum kondiziert werden und liegt so wenig als im ersten Falle eine Schenkung vor. Mit Rücksicht hierauf kann man daher von einer durch die bestehenden konkreten Verhältnisse begründeten Rechtslage sprechen, vermöge deren dem Kinde in Aussicht gestellt ist, eine Leistung, zu deren Bewirkung der Vater bezw. die Mutter *nicht verpflichtet* ist, sofern sie aus freien Stücken erfolgt, so behalten zu dürfen, wie wenn sie ihm geschuldet gewesen wäre. Eine wesentliche Veränderung der bezeichneten Rechtslage tritt bereits ein, wenn der Vater bezw. die Mutter dem Kinde die Gewährung einer angemessenen Ausstattung, mag das auch formlos geschehen, *verspricht*. Denn dann entsteht für den Versprechenden allerdings eine Rechtspflicht, die ihn *als solche* bisher nicht belastet hatte.

Für die Ziehung einer scharfen Grenze zwischen einem Schuldverhältnis im Sinne des § 241 BGB. und den sogenannten unvollkommenen Schuldverhältnissen, sind auch die bekannten Bestimmungen der §§ 656, 762, 518 Abs. 2, 766 Satz 2 BGB. von Belang. Obschon es in allen diesen Fällen an der rechtlichen Bestimmtheit der dabei in Frage kommenden Leistungen sowie der beteiligten Personen nicht fehlt, obschon dem Empfänger das endgültige Behaltendürfen der ihm freiwillig erbrachten Leistung auch hier in feste Aussicht gestellt ist, und obschon, wenigstens in einigen dieser Fälle, von einer sittlichen oder doch wenigstens von einer Anstandspflicht zur Leistung wird gesprochen werden können, so verneint das Gesetz doch schlechthin das Vorhandensein eines Forderungsrechts auf der einen und einer Rechtspflicht[36] auf der anderen Seite und schließt es die Möglichkeit einer Haftung für die Leistung und zwar selbst einer akzessorischen völlig aus[37].

Während also bei den erwähnten unvollkommenen Gestaltungen ein gegen den Quasischuldner sich richtendes rechtliches Soll nicht zur Entwickelung gelangt, haben wir es bei den von der Rechtsordnung sanktionierten Schuldverhältnissen mit einem Schuldner zu tun, der einem rechtlichen Soll unterworfen ist und während wir dort einen Gläubiger, der forderungsberechtigt wäre, vermissen, ist der Schuldner hier dem rechtlich begründeten Verlangen des Gläubigers ausgesetzt und hat er das Nichterbringen der Leistung nach Maßgabe des Gesetzes zu vertreten.

Sachlich kommt man aber auch hiermit keinen Schritt weiter, solange man das Wesen der schuldrechtlichen Verpflichtung (also auch der durch Leistungsverzug herbeigeführten Erweiterung) darin

[36] Ebenso v. Gierke, Schuld und Haftung S. 99 Anm. 1.

[37] Eigenartig § 54 BörsG., wonach derjenige Teil, für welchen das Börsentermingeschäft nicht verbindlich ist, demjenigen Teil, für den es verbindlich ist, eine Sicherheit mit der Wirkung bestellen kann, daß dieser Teil befugt wird, aus der Sicherheit Befriedigung zu suchen; vgl. hierzu noch Anm. 85 auf S. 94.

erschöpft findet, daß der Schuldner die Güte haben werde, freiwillig zu leisten, was er leisten „soll“.

Zu einer klaren Antwort auf die aufgeworfene Frage gelangt man erst durch die Erwägung, daß unser Privatrecht und zwar nicht nur das im BGB. enthaltene eine schuldrechtliche Verpflichtung nur für gegeben erachtet, wenn jemand in Ansehung einer zu erbringenden Leistung schuldrechtlich haftet. Die schuldrechtliche Haftung ist hiernach etwas der Schuldpflicht Immanentes, eine condicio sine qua non für deren Dasein. Als Belege hierfür mögen die zahlreichen Bestimmungen dienen, in denen der Ausdruck „haften“ als gleichbedeutend mit schuldrechtlich verpflichtet sein verwendet wird. Vgl. z. B. §§ 53, 54, 179, 427, 431, 528, 571, 579, 702, 733, 755, 767, 769, 774, 818, 835, 840, 990, 1108, 1251, 1388, 1459, 1480, 1606, 1607, 1608, 1833, 2024, 2058, 2060, 2061, 2145, 2219, 2319, 2329, 2378, 2382 BGB.; HGB. §§ 128, 161, 178, 200, 320, 486, 487, 488, 507, 693, 771, 773, 775; GmbHG. § 11; GenG. § 122.

Die vorhin erwähnte und bekämpfte Auffassung der schuldrechtlichen Verpflichtung bedarf hiernach der Berichtigung. Schuld im Sinne von Schuldpflicht (Verpflichtung, Obligation) ist nämlich nicht ein auf sich gestelltes, sondern ein auf schuldrechtlicher Haftung beruhendes und durch diese gesichertes Leistensollen[38]. Indem die Rechtsordnung ein Schuldverhältnis

[38] Daß ein Leistensollen im Sinne des Textes anzuerkennen ist, wird auch von denjenigen Germanisten zugegeben, welche in der deutschrechtlichen Schuld ein von jeglicher Haftung unabhängiges Leistensollen erblicken. Vgl. P. Puntschart, Schuldvertrag und Treugelöbnis, S. 103; v. Gierke, Schuldnachfolge und Haftung, S. 42 Anm. 2 (wo von einem auf erzwingbarem Rechtsgebot beruhenden Sollen geredet wird); v. Amira, der, Nordgerm. Obligationenrecht, II, 76, in der Auffassung der Schuld im Sinne von Schuldpflicht, d. h. als etwas auf der schuldrechtlichen Haftung Beruhendes einen klaren und verständlichen Gedanken erblickt und die der römischen obligatio in ihrer passiven Bedeutung entsprechende Rechtslage des Schuldners auch für das nordische Recht als „Obligation“ bezeichnet [vgl. a. a. O. I, S. 22 ff.; nach der Ausführung auf S. 27, 28 ist varpa (= Haft) recht eigentlich der Ausdruck für das Wesen der Obligation, steckt in jeder Pflicht zum Leisten ein varpa, beruht die Leistungspflicht also auf

anerkennt, macht sie denjenigen, welcher die Leistung bekommen soll, dadurch zum Gläubiger, daß sie ihm einen für die Leistung Haftenden als Schuldner gegenüberstellt und rüstet sie, soweit an ihr liegt[89], jenen mit der Macht aus, sein auf die Bewirkung der Leistung gerichtetes Verlangen im Wege eines

der schuldrechtlichen Haftung, begründet erst diese das „Verantwortlichsein" des Schuldners, und nach den Darlegungen S. 42, 60 ff., 65 hat die Entstehung einer „Verbindlichkeit" des Schuldners und eines „Forderungsrechts" des Gläubigers das Vorhandensein einer schuldrechtlichen Haftung zur Voraussetzung]; Heusler, Institutionen, II. S. 225 f. findet das Wesen der Obligation (= Schuldpflicht) auch im deutschen Recht darin, daß der Schuldner dem Gläubiger obstrictus (d. h. haftbar) sei. Daß die Auffassung des Textes dem römischen Recht entspricht, ergibt sich aus den bekannten Legaldefinitionen der Quellen in l. 3 D. 44, 7 und pr. J. III, 13. Dazu außer Brinz in Grünhuts Z., I, S. 11 ff. und in Pandekten 2. Aufl. II, S. 1 ff., 20 ff. neuestens Pacchioni und Marchi an den in Anm. 11 a. O. (bei Pacchioni s. besonders S. 166 ff.). Von der im Texte aufgestellten Formulierung unterscheidet sich die von Brinz gegebene nur dadurch, daß dieser Schriftsteller nicht von einem auf der Haftung beruhenden Leistensollen, sondern von einem durch sie begründeten Leistenmüssen geredet wissen will. Gegen diese Fassung spricht aber zunächst schon, daß die erste Absicht der Rechtsordnung offenbar darauf geht, daß der Schuldner leiste, ohne es auf Klage und Zwangsvollstreckung ankommen zu lassen, ferner daß die Rechtsordnung den Erfolg einer eventuellen Zwangsvollstreckung nicht zu garantieren vermag (vgl. gegen das Leistenmüssen des Schuldners auch Rabel, Unmöglichkeit der Leistung in der Festgabe für E. J. Bekker, S. 8 und P. Kretschmar, Die Erfüllung, S. 24). Wie Brinz aber Krückmann in Jherings J. 57, S. 2 ff. und Binder in Bl. f. vergleich. Rechtswiss. 2, S. 389, ja über Brinz sogar noch hinaus in seiner Rektoratsrede 1912 (vgl. über sie weiter unten S. 29 ff.). Mit der Auffassung des Textes sachlich übereinstimmend Thon, Rechtsnorm und subjektives Recht, S. 202; Zitelmann, Internationales Privatrecht, I, S. 45 ff., 53; H. Lehmann, Die Unterlassungspflicht im bürgerlichen Recht (1906), S. 87; Dernburg, Das bürgerliche Recht, II 1, § 1 (unter III a. E. unter Bezugnahme auf § 241). Auf dem Standpunkt des Textes steht sachlich insbesondere auch Siber in Plancks Kommentar, II 4. Aufl. S. 16 ff., 20, 25 (zitiert nach den Aushängebogen). Schuld im Sinne von Schuldpflicht ist ihm hiernach ein rechtliches Leistensollen, dessen Befolgung von der Rechtsordnung direkt oder indirekt durch Zwangsmittel gesichert wird. Er leugnet daher auch ein rechtliches Sollen überall dort, wo die Rechtsordnung auf die Nichterfüllung gar nicht reagiert und bezeichnet Schuld und Haftung als zwei Seiten eines und desselben Rechtsverhältnisses (vgl. dazu die weiteren Ausführungen im Texte S. 25 ff.).

[89] Vgl. über diesen Punkt noch weiter unten S. 35 und S. 38 f.

gegen diesen zu übenden Rechtszwanges[40] nach Möglichkeit durchzusetzen.

Die dem Gläubiger zu diesem Zweck zur Verfügung gestellten Mittel sind nach heutigem Recht folgende: Zunächst, in freilich sehr bescheidenem Maße, das Recht zur Selbsthilfe nach § 229 BGB. Wichtiger ist das dem Gläubiger nach Maßgabe der §§ 387 ff. zustehende Recht zur Befriedigung im Wege der Aufrechnung[41]. Von ganz besonderer Bedeutung ist aber die dem Gläubiger im BGB. in der ZPO., in der KO., im ZVG. und in anderen Gesetzen behufs der Realisieruug der Haftung des Schuldners in Aussicht gestellte obrigkeitliche Hilfe[42]. Ihre Anrufung führt unter Umständen zur Auslösung eines gegen den Schuldner sich richtenden psychologischen Zwanges zur Leistung des Geschuldeten (vgl. ZPO. § 888 und 510 b) oder vermittelt dem Gläubiger im Wege des Zugriffs auf das Vermögen des Schuldners doch die Möglichkeit, sich aus diesem entweder geradezu dasjenige zu verschaffen, was ihm unmittelbar geschuldet ist, oder, wenn dies praktisch ausgeschlossen ist, doch wenigstens eine entsprechende Ersatzleistung in Geld.

Die schuldrechtliche Haftung im dargelegten Sinne ist somit eine Rechtslage, vermöge deren jemand (der Schuldner) in Ansehung einer zu erbringenden Leistung auf Begehren desjenigen,

---

[40] Dieser Rechtszwang braucht nicht notwendig ein direkter, d. h. so beschaffener zu sein, daß der Gläubiger durch dessen Ausübung unmittelbar den Inhalt der ihm gebührenden Leistung realisiert. Es gibt auch einen indirekten Rechtszwang, durch den auf den Willen des Schuldners eine Pression geübt wird, vermöge deren sich dieser in aller Regel veranlaßt sieht, die von ihm geschuldete Leistung selbst zu erbringen. Derartige Mittel des Rechtszwangs waren im altgermanischen Recht die förmliche Mahnung, die Friedloslegung, die außergerichtliche Pfandnahme; s. hierüber oben Anm. 29.

[41] Es ist ein Ausfluß aus der schuldrechtlichen Haftung des Schuldners. Vgl. auch Oertmann, Recht der Schuldverhältnisse, Vorbemerkung zu § 387, Franz Leonhard im ArchBR. 21, S. 209 ff., v. Schwerin, Schuld und Haftung im geltenden Recht, S. 15 Anm. 6.

[42] Schief ist es jedoch, wenn die ganze Lehre von der Haftung in das Zivilprozeßrecht verlegt werden will. In dieser Beziehung ist auf das schon in meiner Schuldübernahme, S. 306/76 Gesagte zu verweisen.

welchem sie gemacht werden soll (des Gläubigers), einem gegen ihn und sein Vermögen sich richtenden Rechtszwange ausgesetzt ist. Mit Rücksicht auf diesen aus den einschlagenden gesetzlichen Bestimmungen sich ergebenden und im wesentlichen auch von der herrschenden Lehre anerkannten Haftungsbegriff[43] erscheint der nachgewiesene gesetzliche Sprachgebrauch nicht nur als begreiflich, sondern auch als innerlich gerechtfertigt. Die praktisch wichtigste Erscheinungsform der schuldrechtlichen Haftung ist die Vermögenshaftung des Schuldners. Vorzugsweise auf sie beziehen sich die von der schuldrechtlichen Haftung redenden gesetzlichen Bestimmungen, und auch nur sie kommt für unsere weitere Erörterung in Betracht.

Im Einzelnen ist noch zu bemerken:

1. Wo und soweit die Rechtsordnung in Ansehung einer Leistung, welche der eine von einem anderen erwarten zu dürfen glaubt, das Vorhandensein einer Schuldpflicht verneint, versagt sie damit zugleich auch den Eintritt einer schuldrechtlichen Haftung und wo sie den Eintritt einer schuldrechtlichen Haftung schlechthin ausschließt, verneint sie auch das Dasein einer Schuldpflicht.

Hiermit sind die Entscheidungen von BGB. § 656 Abs. 1 Satz 2 und § 762 Abs. 1 Satz 2 sehr wohl verträglich. Denn die Rechtsordnung kann sich aus guten Gründen veranlaßt sehen, die Rückforderung einer gemachten Leistung auszuschließen, obschon eine Rechtspflicht zu ihrer Bewirkung nicht vorhanden ist. Im

---

[43] Enger, als dies im Texte geschehen ist, bestimmen diejenigen den Begriff der Haftung, welche darunter — wenigstens regelmäßig — nur das Zugriffsrecht des Gläubigers (genauer die Rechtslage, vermöge deren der Schuldner dem Zugriff des Gläubigers ausgesetzt ist) verstehen; so v. Tuhr, S. 111, Siber, S. 19 (unten). Infolge dieser Einschränkung des Haftungsbegriffs sieht sich aber dann Siber genötigt, überall dort von einer „Schuldpflicht ohne Haftung" zu reden, wo sich die Rechtsordnung zwecks Sanktionierung einer Schuldpflicht eines anderen Mittels als der Gewährung eines Zugriffsrechts bedient. Nach der im Texte vertretenen Auffassung liegt dagegen auch in diesen Fällen Haftung vor (vgl. darüber die weiteren Ausführungen auf S. 24 f.) und ist daher von einer Schuldpflicht ohne Haftung nicht zu reden.

Falle einer sogenannten Spiel- oder Wettschuld (und in verwandten Fällen) gelangt man zur Annahme einer Rechtspflicht zur Leistung auch dann nicht, wenn man KO. § 32 bezw. AnfG. § 3 Ziff. 3 dahin auslegt, daß in der durch den Verlierer erfolgten Zahlung eines Spiel- oder Wettverlustes eine nach Maßgabe der genannten Bestimmungen der Anfechtung unterliegende „unentgeltliche Verfügung" nicht zu erblicken ist[44]. Es kann nämlich ohne weiteres zugegeben werden, daß dem Begriff der unentgeltlichen Verfügung Gewalt angetan würde, wenn man die Bewirkung einer solchen Leistung, deren Unterbleiben unter Umständen den Zusammenbruch der sozialen Existenz des Leistenden zur Folge haben könnte, als unentgeltliche Verfügung behandeln wollte. Der scharfe Gegensatz zwischen bloßer Anstandspflicht und Rechtspflicht wird aber dadurch nicht aufgehoben[45]. Er tritt uns mit voller Deutlichkeit entgegen, wenn wir uns die Möglichkeit vergegenwärtigen, daß ein nach BGB. §§ 1990, 1991 haftender Erbe einem noch unbefriedigten Darlehnsgläubiger entgegenhalten würde, er habe, vor die Wahl gestellt, ob er den noch vorhandenen Nachlaßrest zur teilweisen Befriedigung des Darlehnsgläubigers oder zur Deckung einer Spielschuld des Erblassers verwenden solle, sich für das letztere entschieden und könne daher wegen der vollständigen Erschöpfuug des Nachlasses vom

[44] Dazu v. Tuhr, Allg. Teil, S. 95 und die daselbst Anm. 10 Berufenen.

[45] Anders v. Tuhr a. a. O. Er will daraus, daß das auf Grund des Spieles oder der Wette Geleistete nicht deshalb zurückgefordert werden kann, weil eine Verbindlichkeit nicht bestanden hat, und daß die Leistung nicht den Charakter einer unentgeltlichen Zuwendung hat, im Widerspruch mit dem Gesetz eine Rechtspflicht des Verlierers zur Leistung konstruieren. Gegen die Zulässigkeit dieser Konstruktion vgl. weiter unten S. 84 ff. die gegen Enneccerus sich richtenden Ausführungen. Von der Auffassung von Enneccerus unterscheidet sich übrigens die v. Tuhrs darin, daß dieser ein Recht des Gewinners, den Spiel- oder Wettgewinn vom Verlierer zu verlangen, schlechthin leugnet (a. a. O. S. 96, 259). Hierin ist v. Tuhr gewiß beizustimmen. Nur möchte man glauben, daß dann auch nicht das geringste Bedürfnis für die Konstruktion einer rechtlichen Verpflichtung des Verlierenden vorhanden ist.

Darlehnsgläubiger nicht mehr in Anspruch genommen werden. Es ist klar, daß diese Verteidigung nicht durchgreift: Der Erbe würde wegen der unzulässigen Verwendung des Nachlaßrestes dem Darlehnsgläubiger Ersatz leisten müssen. Diese Entscheidung würde aber sogar dann festgehalten werden müssen, wenn man sich den noch unbefriedigten Gläubiger nicht als Gläubiger aus einem Darlehen, sondern als Gläubiger aus einem Schenkversprechen oder einer Vermächtnisverfügung des Erblassers denkt.

2. Nicht mit Stillschweigen dürfen diejenigen Fälle übergangen werden, in denen jemand in Ansehung einer ihm gegenüber von einem anderen beanspruchten Leistung ipso iure zwar dem normalen Rechtszwang unterliegt, sich der Durchführung desselben aber durch peremptorische Einrede zu entziehen vermag. Der wichtigste hierher gehörende Fall ist der der verjährten Schuld[46]. Macht der Schuldner hier das ihm zustehende Leistungsverweigerungsrecht geltend, so schaltet er dadurch — soweit nicht § 390 Satz 2 eingreift — seine schuldrechtliche Haftung aus und drückt er seine bisherige Schuldpflicht zu einer derartigen praktischen Unwirksamkeit herab, daß der klagende Gläubiger mit dem von ihm erhobenen Anspruch auf Leistung abgewiesen werden muß. Eine normale Schuld im Sinne von schuldrechtlicher Verpflichtung liegt also bei der verjährten Schuld gewiß nicht vor. Trotzdem steht sie jener näher als die sonstigen unvollkommenen Schuldverhältnisse. Sie ist nicht Nichtschuld, (= Nichtschuldpflicht) wie zum Beispiel die sogenannte Spiel- oder Wettschuld, sondern nur eine wesentlicher Abschwächung unterliegende Schuld, der aber ungeachtet dieser Möglichkeit doch noch immer gewisse Funktionen der normalen Schuld verbleiben, und deren Lebensfähigkeit daher auch noch nicht endgiltig abgestorben ist. Sie ist nicht nur zahlbar, sondern vermag auch die Grundlage eines wirksamen vertragsmäßigen Anerkenntnisses sowie einer akzessorischen Haftung zu bilden (§ 222 Abs. 2, § 223 BGB.).

---

[46] Vgl. BGB. §§ 222, 223.

Die Forderung aus einer verjährten Schuld kann ferner unter Umständen aufgerechnet (390 BGB.; siehe auch §§ 479, 490 Abs. 3 BGB.) und einredeweise geltend gemacht worden (so mittels Einrede des nichterfüllten Vertrags nach § 320, vgl. ferner §§ 478, 490, Abs. 3, 639, 821, 853 BGB.) und wird durch bloßen Verzicht des Schuldners auf die Verjährungseinrede vollwirksam.

3. Wie es keine Schuldpflicht ohne schuldrechtliche Haftung des Schuldners gibt, so gibt es im heutigen Recht auch keine schuldrechtliche Haftung ohne Beziehung auf eine Schuldpflicht des schuldrechtlich Haftenden[47]. Ohne diese kann jene nicht praktisch werden. Die hiergegen von einzelnen Schriftstellern auf Grund der germanistischen Lehre von Schuld und Haftung geltend gemachten Bedenken haben sich als nicht stichhaltig erwiesen.

Es war insbesondere behauptet worden, daß, wie der Bürge des älteren deutschen Rechts, so auch der heutige Bürge, da er nicht eine eigene Verbindlichkeit zu erfüllen, sondern nur für die Erfüllung einer fremden Verbindlichkeit einzustehen hat, lediglich hafte und nicht Schuldner (Verpflichteter) sei. Hierbei hat man aber verkannt, daß der Bürge, soweit er vom Gläubiger in Anspruch

---

[47] Wenn v. Tuhr a. a. O. S. 110 bemerkt: „noch weniger gibt es Haftung ohne Schuld" (wobei Schuld offenbar im Sinne von Schuldpflicht gemeint ist), so denkt er dabei doch wohl nur an die schuldrechtliche Haftung. Denn bei reiner Sachhaftung kommt auch nach v. Tuhrs Ansicht eine Schuldpflicht nicht in Frage (vgl. oben Anm. 27). Auffallend sind die Ausführungen v. Tuhrs S. 119 f. Er bemerkt daselbst, daß bei einem nicht voll geschäftsfähigen Schuldner von den regelmäßigen Elementen der Obligation nur die Haftung, nicht auch die Verpflichtung vorhanden sei. Auf S. 120 hält er es aber dann doch wieder für erlaubt, von einer Verpflichtung des Mündels zu sprechen, worauf im folgenden Satze neuerdings auseinandergesetzt wird, daß der nicht voll geschäftsfähige Schuldner nicht verpflichtet sei, sondern nur für die Erfüllungstätigkeit seines Vertreters hafte. Hält man das fest, so scheint die Konsequenz unvermeidlich, daß ein nicht voll geschäftsfähiger Schuldner auf Erfüllung nicht verklagt werden könnte, denn nach v. Tuhrs Ausführung auf S. 110 setzt die Klage auf Erfüllung eine Verpflichtung des Beklagten voraus. Man gewinnt hiernach den Eindrück, daß v. Tuhr selbst noch nicht zu innerlich abgeschlossenen Ergebnissen gelangt ist.

genommen werden kann, doch etwas zu leisten hat und in Ansehung dieser Leistung somit Schuldner ist[48].

Das eben Gesagte führt zu einer Bemerkung allgemeinerer Natur. Es ist nämlich wohl zu beachten, daß sich aus der Bezeichnung des „Wofür" der schuldrechtlichen Haftung für sich allein noch keineswegs ergibt, was der Gläubiger auf Grund der Haftung des Schuldners von diesem verlangen kann und im Wege des Rechtszwanges soll durchsetzen können.

Das Nächstliegende scheint freilich zu sein, daß das „Wofür" der schuldrechtlichen Haftung zugleich auch das vom Schuldner Geschuldete und durch die Geltendmachung der Haftung zu Verwirklichende bildet. Dies kann jedoch, obschon in zahlreichen Fällen der schuldrechtlichen Haftung zutreffend, auf allgemeine Geltung keinen Anspruch machen. Denn es ist zulässig, von einer Haftung für einen Erfolg auch dort zu sprechen, wo der Haftende zu dessen Herstellung nicht verpflichtet ist, sondern nur wegen des Nichteintrittes des Erfolges Schadenersatz zu leisten hat oder sich irgend etwas anderes gefallen lassen muß.

Ein Sachverhalt der ersten Art ist zum Beispiel gegeben bei der Haftung des Bürgen, wenn die dem Hauptschuldner obliegende Leistung höchstpersönlicher Natur ist oder in sonstigen Fällen der Garantie für einen Erfolg, dessen Herbeiführung menschlicher Willkür entrückt ist. Was der haftende Bürge bezw. der anderweitig Garantierende schuldet, ist dann natürlich nicht die vom Hauptschuldner geschuldete Leistung bezw. der sonst garantierte Erfolg, sondern nur die dem Gläubiger wegen des Nichteintritts des Erfolges gebührende Ersatzleistung.

Ein Beispiel für einen Fall der zweiten Art liefert § 459 BGB. Hiernach haftet der Verkäufer einer Sache dem Käufer dafür, daß sie zu der Zeit, zu welcher die Gefahr auf den Käufer übergeht, nicht mit Fehlern behaftet ist, die den Wert oder die Tauglichkeit zu dem gewöhnlichen oder dem nach dem Vertrage

[48] So bereits meine Schuldübernahme, S. 289 f./59 f. und die daselbst Anm. 88 Genannten; s. jetzt auch v. Tuhr, S. 110 bei Anm. 60a.

vorausgesetzten Gebrauch aufheben oder mindern. Ist ein solcher Mangel zur angegebenen Zeit aber wirklich vorhanden, so ist der Haftende hier — selbst wenn das unter den besonderen Umständen möglich wäre — keineswegs zur Beseitigung des Mangels verpflichtet, sondern regelmäßig nur zur Einwilligung in die Wandelung oder Minderung und nur ausnahmsweise zur Leistung von Schadensersatz wegen des Nichtvorhandenseins desjenigen, wofür gehaftet wird[49].

Es mögen endlich noch die Fälle erwähnt werden, in denen jemand einem anderen zufolge eines Schuldverhältnisses für ein bestimmtes Verhalten derart haftet, daß ein Anspruch auf Beobachtung dieses Verhaltens praktisch nicht in Frage kommt[50], sondern nur ein Schadensersatzanspruch wegen des Nichtbeobachtens; vgl. z. B. die zahlreichen Bestimmungen, welche jemandem eine Anzeigepflicht auferlegen, ferner §§ 160, 292[51], 347, 498, 966, 989, 1978, 1979, 1991, 2130, 2131 BGB.

Im Zusammenhang mit dem eben Gesagten stehen die Beobachtungen Krückmanns[52], der mit Recht hervorhebt, daß unser Sprachgebrauch von selbst dazu gelangt ist, zwischen einer Haftung „für“ und einer Haftung „auf“ einen Erfolg zu unterscheiden. Diese letztere Wendung stellt sich nämlich in der Tat immer dort ein, wo scharf zum Ausdruck gebracht werden will, worauf sich der Anspruch des Gläubigers aus der schuldnerischen Haftung wirklich richtet. So bezeichnet man insbesondere die einem Schadensersatzanspruch entsprechende Haftung als Haftung auf (nicht für) Schadensersatz.

4. Jüngsthin hat sich auch v. Tuhr in seiner dem allgemeinen Teil des bürgerlichen Rechts gewidmeten Darstellung S. 110 über

---

[49] BGB. §§ 462, 463.

[50] Dazu v. Tuhr, S. 98.

[51] Nicht zutreffend ist die Behauptung Zitelmanns, Festgabe für Krüger, S. 268, daß sich an den Tatbestand des § 292 keine Haftung auf Schadensersatz wegen Verschulden knüpfe; daß Gegenteil ergibt sich aus dem Wortlaut des § 292.

[52] Nachlese zur Unmöglichkeitslehre in Iherings J. 59, S. 34 ff.

das Verhältnis der schuldrechtlichen Verpflichtung zur schuldrechtlichen Haftung ausgesprochen. Nach der von ihm aufgestellten Formel soll zwischen diesen beiden Dingen ein grundlegender und in dreifacher Beziehung sich scharf ausprägender Gegensatz bestehen. Er führt hierüber aus:

a) Die schuldrechtliche Verpflichtung treffe lediglich die Person, die Haftung dagegen das Vermögen[53] des Schuldners;

b) aus der Schuldpflicht ergebe sich für den Gläubiger ein Verlangendürfen (Anspruch), gerichtet auf eine Willensbetätigung des Schuldners[54]. Durch die Geltendmachung der erst im Stadium der Zwangsvollstreckung praktisch werdenden Haftung wende sich dagegen der Gläubiger nicht mehr an den Willen des Schuldners, sondern setze er sein Recht im Wege des Zugriffs auf das Vermögen des Schuldners ohne Rücksicht auf dessen Willen durch.

c) Die grundlegende Verschiedenheit zwischen Schuldverpflichtung und Haftung mache sich endlich in besonders zwingender Weise in den Fällen der gegenständlich beschränkten Haftung geltend.

Der zuletzt erwähnte Punkt bleibt besonderer Besprechung vorbehalten. Vorerst sollen nur die Punkte a und b ihre Erledigung finden.

Enthalten die hierauf sich beziehenden Ausführungen v. Tuhrs — auf die hier nicht im einzelnen eingegangen werden kann — auch manches Zutreffende, so scheitert seine Hauptbeweisführung doch an der einfachen Erwägung, daß eine von der schuldrechtlichen Haftung des Schuldners unabhängige und somit in diesem Sinne auf sich gestellte schuldrechtliche Ver-

[53] Es braucht kaum erst noch gesagt zu werden, daß der in dieser Abhandlung S. 19f. entwickelte Haftungsbegriff weiter ist als der von v. Tuhr entwickelte. Da aber auch nach der hier vertretenen Ansicht praktisch fast nur die Vermögenshaftung in Betracht kommt, so braucht diese Differenz nicht weiter verfolgt zu werden.

[54] Hiermit ist übrigens die oben S. 23 Anm. 47 erwähnte Lehre v. Tuhrs nicht gut in Einklang zu bringen.

pflichtung keine juristische Existenz haben und sonach als etwas für sich allein Daseiendes nicht einmal gedacht werden kann[55]. Während durch bloße Sachhaftung eine schuldrechtliche Leistungsverpflichtung nicht begründet wird, besteht das Wesen der schuldrechtlichen Haftung gerade darin, daß bei ihr eine Beziehung zu einer schuldrechtlichen Verpflichtung des Haftenden immer gegeben ist und ohne solche Beziehung nicht gegeben sein kann. Es ist also auch nicht zulässig, die schuldrechtliche Haftung zur schuldrechtlichen Verpflichtung derart in Gegensatz zu bringen, daß man jener nur eine Wirkung auf das Vermögen, dieser dagegen nur eine Wirkung auf die Person des Schuldners zuschreibt. Daß die Begründung einer schuldrechtlichen Haftung für den Gläubiger eine Anwartschaft auf Befriedigung aus dem Vermögen des Schuldners auslöst, ist freilich richtig. Allein in diese Beziehung zu einem bestimmten Vermögen gelangt der Gläubiger nicht unmittelbar, sondern nur durch die Person hindurch, zu deren Lasten eine Schuldpflicht und damit zugleich eine schuldrechtliche Haftung, ohne welche die Schuldpflicht nicht vorhanden sein kann, begründet worden ist, und mit Recht führt daher auch die normale schuldrechtliche Haftung im Gegensatz zur Sach-(Gegenstands-)haftung die technische Bezeichnung persönliche Haftung[56].

Es ist ferner nicht richtig, daß die Wirkung der schuldrechtlichen Haftung erst mit der gegen den Schuldner sich richtenden Zwangsvollstreckung einsetzt. Das Gegenteil beweist bereits die dem Gläubiger unter Umständen gegebene Möglichkeit, sich außergerichtlich im Wege der Aufrechnung zu befriedigen. Ohne jede Maßregel der Zwangsvollstreckung erfolgt die Realisierung der Haftung sodann in denjenigen Fällen, wo die vom Schuldner geschuldete Übertragung eines ihm gehörenden Rechtes an den Gläubiger (man

---

[55] Im weiteren Verlaufe der Darstellung wird sich übrigens zeigen, daß die sachliche Verschiedenheit zwischen der hier entwickelten Auffassung und der v. Tuhrs nicht so groß ist, als es nach den von v. Tuhr gegebenen Formulierungen zunächst den Anschein hat.

[56] Weiteres hierüber unten S. 46.

denke zum Beispiel an die geschuldete Übertragung einer Forderung) schon mit dem Eintritt der Rechtskraft des Urteils vor sich geht, laut dessen der Schuldner zur Abgabe der in Frage kommenden Willenserklärung verurteilt worden ist (ZPO. 894)[57].

Von ganz besonderer Bedeutung aber ist es, daß der Übernehmer eines Vermögens nach Maßgabe des § 419 BGB. zur Befriedigung der gegen den bisherigen Vermögensinhaber begründeten schuldrechtlichen Ansprüche ohne alle Rücksicht darauf, ob diese bereits exekutionsreif sind oder nicht, lediglich deshalb neben dem bisherigen Vermögensinhaber verpflichtet ist, weil das dem Gläubiger haftende Vermögen auf ihn übergeht[58].

Es muß endlich auch der Behauptung noch besonders widersprochen werden, daß die schuldrechtliche Haftung außer jeder Beziehung zum Willen des Schuldners steht. Gerade dadurch vielmehr, daß dem Gläubiger durch die schuldnerische Haftung die Möglichkeit eröffnet ist, sich aus dem schuldnerischen Vermögen auch ohne und gegen den Willen des Schuldners Befriedigung zu schaffen und sich auf dem Wege der Realisierung der Haftung auch des Schadens zu erholen, den er infolge der vom Schuldner zu vertretenden Leistungsverzögerung, der Schlechtleistung[59], Nichtleistung erleidet, wird auf den Willen des schuldrechtlich Haftenden ein so starker Druck geübt, daß dieser in der großen Mehrzahl der Fälle sich veranlaßt sehen wird, der Realisierung der Haftung durch freiwillige Leistung zuvorzukommen[60]. Überall dort dagegen, wo die Rechtsordnung eine schuldrechtliche Haftung nicht eintreten läßt, entfällt damit zugleich auch eine mit den Mitteln des Rechtes stattfindende Einwirkung auf den Willen des Schuldners und

---

[57] So auch v. Tuhr, S. 262.

[58] Auf diese Erscheinung weist auch v. Tuhr, S. 227 hin. Indem er es tut, anerkennt er zugleich, daß die Vermögenshaftung nicht erst mit dem Zeitpunkt einsetzt, in welchem die gläubigerischen Ansprüche exekutionsreif werden.

[59] Dazu Zitelmann a. a. O. S. 276 ff.

[60] Dazu Brinz, Pandekten 2. Aufl. II, S. 3, 9, 20 ff. und Kretschmar, Die Erfüllung (1906), S. 25.

hängt die Annahme eines trotzdem vorhandenen Verlangendürfens des Gläubigers und einer angeblichen Schuldpflicht des Schuldners vollständig in der Luft.

5. Die im Vorstehenden vertretene Auffassung ist jetzt noch mit den der schuldrechtlichen Haftung gewidmeten Ausführungen Binders in Beziehung zu setzen. Der genannte Schriftsteller hat sich über diesen Gegenstand in den letzten Jahren wiederholt geäußert; zunächst in Goldschmidts Z. 57, 242ff., dann in Bl. f. vergl. Rechtswisssch. (1906, 2, 380ff., 414ff.) und zuletzt in seiner Rektoratsrede über Rechtsnorm und Rechtspflicht (1912). An den beiden zuerst angegebenen Orten bekennt sich auch Binder zu der Meinung, daß die schuldrechtliche Haftung ein wesentliches Moment der Schuld im Sinne von Schuldpflicht (Obligation) ist, und spricht er daher auch dem luftigen Gebilde eines nicht auf schuldrechtlicher Haftung beruhenden, sondern von dieser ganz unabhängig bestehenden Leistensollens des Schuldners den Charakter der Schuldpflicht ab. Ich brauche kaum erst noch zu sagen, daß ich mit Binder hierin vollständig übereinstimme.

Obschon er die bezeichnete Grundanschauuung auch in seiner jüngsten Publikation festhält, so gibt er ihr doch hier eine überaus zugespitzte und durch diese Zuspitzung übertreibende Fassung. Ihm fällt nämlich das, was die Römer obligatio nannten und wir als Schuldverhältnis bezeichnen, völlig zusammen mit der Haftung für eine Leistung. Die Annahme einer Schuld im Sinne eines Leistensollens, einer Schuldpflicht lehnt er durchaus ab, so zwar, daß er selbst ein auf schuldrechtlicher Haftung sich gründendes Leistensollen nicht mehr anerkennen will. Diese Haltung hängt übrigens mit einer über das Gebiet des Schuldrechtes weit hinausreichenden allgemeinen Betrachtungsweise zusammen, zu der Binder nunmehr gelangt ist, und zufolge deren nicht nur der Begriff der Schuldpflicht sondern auch der der Rechtspflicht überhaupt ein völlig überflüssiger sein soll.

Die hierauf sich beziehenden Ausführungen Binders würden eindrucksvoller sein, als sie tatsächlich sind, wenn ihnen nicht der Vorwurf der Inkonsequenz gemacht werden müßte[61]. Das Ziel der von ihm versuchten Beweisführung faßt Binder (S. 38) in die Worte zusammen: „Die Konsequenz der Rechtsordnung besteht nicht in dem Verpflichtetsein, sondern im Unterworfensein; das Recht ist reale Macht, die sich selbstherrlich durchsetzen muß und auf Verpflichtung überhaupt nicht angewiesen ist.“ Trotzdem sieht er sich zu dem Zugeständnis genötigt, daß es gewisse Rechtspflichten doch gibt. So redet er zum Beispiel S. 27 von einer „Strafpflicht der Behörde“ und bemerkt dann noch allgemein, daß jede eine behördliche Stellung einnehmende Person „durch ihre staatsrechtliche Stellung der Pflicht unterliegt“, dem an sie sich richtenden staatlichen Befehl zu gehorchen. Wollte Binder seinen jetzigen Standpunkt folgerichtig durchführen, so müßte er auch die sogenannte Beamtenpflicht leugnen und es bei der Formel bewenden lassen, daß gegen den Beamten, welcher den von der Rechtsordnung an ihn gestellten Anforderungen nicht entspricht, ein durch einen anderen Beamten auszuübender Rechtszwang eintritt u. s. f.

Wenn sich bei Binder dessen ungeachtet und offenbar ganz unwillkürlich die Annahme einer dem Beamten obliegenden Rechtspflicht einstellt, so erklärt sich dies aus einer sehr naheliegenden Erwägung. Es kann nämlich auch Binder nicht entgehen, daß ein Beamter von der dazu berufenen öffentlichen Gewalt nicht zu dem Ende eingesetzt wird, damit gegen ihn Rechtszwang geübt werden kann, wenn er den ihm übertragenen Aufgaben nicht gerecht wird, sondern zwecks Erfüllung dieser Aufgaben. Ein Rechtszwang soll gegen den Beamten erst eingreifen für den völlig unerwünschten Fall, daß die an dessen Einsetzung geknüpfte Erwartung enttäuscht werden sollte. Damit ist aber das Wesen der Rechtspflicht bereits gegeben. Es besteht darin, daß die Rechts-

---

[61] Vgl. auch Puntschart in KrVJSchr. 50, S. 491 ff.

ordnung von dem ihr Unterworfenen unter Androhung von Nachteilen für den Ungehorsamsfall ein bestimmtes Verhalten verlangt[62].

Muß aber schon einmal rücksichtlich der Beamten das Vorhandensein von Rechtspflichten in diesem Sinne zugestanden werden, so ist nicht einzusehen, warum bei nicht beamteten Personen die Annahme einer Rechtspflicht, zum Beispiel der Wehrpflicht, der Steuerdeklarationspflicht, der Zeugnispflicht, einer öffentlichrechtlichen Anzeigepflicht u. dergl. ausgeschlossen sein soll. Denn der für jene Entscheidung maßgebende Gesichtspunkt greift auch hier allseitig durch.

Aus gleichem Grunde müssen aber auch privatrechtliche Pflichten und als solche insbesondere Schuldpflichten anerkannt werden. Nach der Rechtsauffassung aller Zeiten und Völker besteht das praktische Ziel jedes schuldrechtlichen Vertrags darin, daß die der einen Partei von der anderen Partei versprochene Leistung von jener soll verlangt werden können. Wird ein solcher Vertrag aber von der Rechtsordnung als wirksam anerkannt, so entsteht aus ihm für den Versprechenden eine Rechtspflicht zur Leistung. Denn in völliger Übereinstimmung mit der Parteienabsicht hat es die Rechtsordnung zunächst darauf abgesehen, daß das wirksam Versprochene klaglos geleistet werde. Auf dasselbe ist der Wille der Rechtsordnung selbstverständlich auch in den Fällen gerichtet, wo sie jemandem ohne ein von ihm eingegangenes Rechtsgeschäft eine an einen anderen zu bewirkende Leistung auferlegt[63]. Hierauf kommt übrigens auch Binder selbst hinaus, wenn er, ohne daß er dabei von der allgemeinen Meinung abwiche, die Kundmachung der Gesetze besonders deshalb für wichtig erklärt, damit das Volk sich nach ihnen richten, d. h. sich ihnen entsprechend

[62] Damit ist übrigens noch nicht gesagt, daß zum Wesen der Rechtspflicht Erzwingbarkeit, zwangsweise Durchsetzbarkeit des durch ihre Aufstellung verlangten Erfolges gehöre. S. darüber weiter unten S. 35, 38 f.

[63] Insofern zutreffend Kretschmar a. a. O. S. 26, v. Tuhr, S. 110. Allein es ist zugleich zu beachten, daß der Appell an den Willen des Schuldners den Charakter eines diesem obliegenden rechtlichen Leistungssollens nur durch die dahinterstehende Haftung erhält.

verhalten könne. Worin anders als in der klaglosen Leistnng soll nämlich das dem Willen der Rechtsordnung entsprechende Verhalten desjenigen gelegen sein, der für eine von ihm zu erbringende Leistung haftet?

Die von Binder versuchte Eliminierung des Begriffes der Schuldpflicht erweist sich also als undurchführbar[64]. Daß wir seiner nicht entraten und auf dem Gebiet der Schuldverhältnisse mit dem Haftungsbegriff allein nicht auskommen können, verdeutlicht am besten ein Vergleich der schuldrechtlichen Vermögenshaftung mit der bloßen Sachhaftung. Wer schuldrechtlich für eine von ihm zu bewirkende Leistung haftet, ist dem Gläubiger wegen der Nichtbewirkung der Leistung verantwortlich und haftet ihm dieserwegen mit seinem Vermögen. Den Eigner eines haftenden Gegenstandes als solchen trifft dagegen eine Verantwortlichkeit und eine dieser entsprechende Vermögenshaftung wegen Nichtleistung in keiner Weise. Von einer Schuldpflicht des letzteren ist daher gewiß nicht zu reden. Die schuldrechtliche Haftung löst dagegen mit Notwendigkeit eine schuldrechtliche Verantwortlichkeit und damit eine schuldrechtliche Verpflichtung aus.

6. Obschon Schuldpflicht und schuldrechtliche Haftung sich wechselseitig bedingen, so kann doch jede dieser beiden Seiten der schuldnerischen Rechtsstellung zum Gegenstand besonderer Betrachtung gemacht werden, und mit Rücksicht auf die Verschiedenheit der hinsichtlich des Wofür und des Womit der Haftung eingreifenden gesetzlichen Bestimmungen, erweist sich eine solche oft sogar als geboten[65].

Indem man sich freilich mit der Frage nach dem Wofür bezw. Worauf der schuldrechtlichen Haftung oder m. a. W. nach dem Inhalt der schuldnerischen Verpflichtung beschäftigt, setzt man dabei bereits als selbstverständlich voraus, daß ein Verhältnis zwischen zwei Personen vorliegt, vermöge dessen die eine von ihnen der anderen schuldrechtlich haftet. Denn andernfalls könnte von

---

[64] So auch V. Puntschart a. a. O. (vgl. oben S. 30 Anm. 61).

[65] Vgl. jetzt auch Siber bei Planck II⁴ S. 20.

einer schuldrechtlichen Verpflichtung überhaupt nicht die Rede sein. Trotzdem ist bei der Beantwortung der bezeichneten Frage eine vorläufige Zurückstellung der Frage nach dem Womit der Haftung und nach deren besonderer Ausgestaltung um so leichter durchführbar, als das Wofür bezw. Worauf der Haftung durch die spezifisch haftungsrechtlichen Bestimmungen meist unberührt bleibt. Doch trifft das nicht ausnahmslos zu. Die Gestaltung der Haftung kann nämlich unter Umständen auch so beschaffen sein, daß sie auf den Inhalt der Schuldpflicht modifizierend einwirkt[66], ja diese sogar gänzlich in Wegfall bringt.

V.

Aus dem Wesen der schuldrechtlichen Haftung ergibt sich, daß sie mit dem Augenblick eingreift, in welchem die Schuld im Sinne von Schuldpflicht zur Entstehung gelangen soll, der Entstehungsgrund der Schuld ist also mit Notwendigkeit der Entstehungsgrund der schuldrechtlichen Haftung und umgekehrt[67]. Obschon

---

[66] Beachtlich vor allem, daß sich im Falle gegenständlich beschränkter Haftung aus dieser Gestaltung der Haftung in Ansehung des haftenden Vermögens eine den Gläubigern gegenüber eintretende Verwaltungspflicht des Schuldners (oder desjenigen, welcher an Stelle des Schuldners zur Verwaltung berufen ist) ergibt. Dazu meine Schuldübernahme, S. 296/66 Anm. 102.

[67] Hiergegen sprechen auch nicht die von Brinz in Grünhuts Z. I, S. 33 ff. und Pandekten II² S. 36 ff. erwähnten Erscheinungen. Brinz führt hier aus, daß schuldrechtliche Haftungen bereits vorhanden sein können, bevor die „Schuld" zur Entstehung gelangt ist. Dieser Bemerkung liegt eine richtige Beobachtung zugrunde, wie sich sofort zeigt, wenn man sich die Haftung des Schuldners aus einem aufschiebend bedingten Schuldvertrag vergegenwärtigt. Vor dem Eintritt der Bedingung besteht diejenige Schuld, deren Entstehung von dem Eintritt der Bedingung abhängig gemacht ist, natürlich noch nicht (§ 158 BGB.). Allein für den Fall, daß die Bedingung eintritt, trifft den bedingt Verpflichteten allerdings schon vor der Erfüllung der Bedingung eine Haftung und eine dieser entsprechenden Hilfsschuldpflicht (§ 160 BGB.). So verhält es sich auch in zahlreichen verwandten Fällen. Beachtenswert ist besonders der in BGB. § 331 Abs. 2 erwähnte Fall, wo sich der Erwerb des Dritten aus einem zu seinen Gunsten geschlossenen schuldrechtlichen Vertrag lediglich deshalb hinausschiebt, weil der Dritte zur Zeit des Todes des Versprechensempfängers noch nicht geboren ist. Trotzdem besteht zugunsten des Dritten für den Fall, daß er zum Erwerb gelangt,

sie sich grundsätzlich auf das ganze Vermögen des Schuldners erstreckt, so kann die schuldrechtliche Haftung doch auch Einschränkungen erfahren; zunächst in der Weise, daß einzelne zum schuldnerischen Vermögen gehörende Gegenstände dem Zugriff des Gläubigers entzogen sind oder daß dies hinsichtlich eines ganzen, zu einem Sondervermögen des Schuldners zusammengeschlossenen Komplexes von Gegenständen zutrifft. Nicht nur infolge dieser Einschränkung, sondern auch ohne sie kann die schuldrechtliche Haftung ihren praktischen Zweck insofern verfehlen, als der Anspruch des Gläubigers ganz oder teilweise ungedeckt bleibt. Es gibt auch uneinbringliche Forderungen bezw. Schulden[68].

Indem die Rechtsordnung ein Forderungsrecht und eine ihm gegenüberstehende Schuldpflicht zur Entstehung gelangen läßt, stattet sie den Gläubiger mit der Anwartschaft auf einen behufs Hereinbringung der Forderung gegen den Schuldner und dessen Vermögen zu übenden Rechtszwang aus. Selbstverständlich bezieht sich diese Anwartschaft nicht auf einen Schuldner und ein schuldnerisches Vermögen in abstracto, sondern nur auf den durch den Entstehungsgrund des Schuldverhältnisses gegebenen bestimmten Schuldner und das Vermögen dieses Schuldners[69]. Das Vorhandensein eines hinreichenden schuldnerischen Vermögens, aus dem die nicht freiwillig beglichene Schuld im Wege des Rechtszwangs befriedigt werden kann, vermag die Rechtsordnung dem Gläubiger dagegen nicht zu garantieren. Während die Sach-(Gegenstands-)haftung das Vorhandensein einer haftenden Sache (eines haftenden Gegenstandes) zur notwendigen Voraussetzung hat, setzt der Eintritt und

---

schon jetzt eine Haftung des Schuldnes und eine ihr entsprechende Schuldpflicht (zu einem obligationsmäßigen Verhalten). Ein verwandter Fall ist gegeben bezüglich der Haftung (und der entsprechenden schuldrechtlichen Verpflichtungen) des Vorerben gegenüber einem eventuellen Nacherben, dessen Person erst durch ein künftiges ungewisses Ereignis bestimmt werden soll und der zurzeit vielleicht nicht einmal erzeugt ist.

[68] Weiteres hierüber noch unten S. 38 ff.

[69] Vgl. auch Krückmann a. a. O. S. 31.

die Fortdauer einer schuldrechtlichen Haftung (Haftbarkeit) grundsätzlich nicht voraus, daß sich im Vermögen des Schuldners in einem gegebenen Zeitpunkt Gegenstände befinden, auf die der Gläubiger seinen Zugriff richten könnte[70].

Auch der mittellose Schuldner schuldet und haftet im Rechtssinn, er kann in Verzug kommen, hat für die Verzugsfolgen einzustehen, kann verklagt und verurteilt werden. Die tatsächliche Aussichts- bezw. Erfolglosigkeit der Zwangsvollstreckung macht also die dem Forderungsrecht des Gläubigers gegenüberstehende Schuld noch nicht zu einer Schuld ohne Haftung. Die praktische Bedeutung einer solchen Schuld besteht, abgesehen davon, daß sie wie vom Schuldner selbst, so auch von Dritten freiwillig bezahlt werden kann, immer noch darin, daß ihrer einredeweisen Geltendmachung nichts entgegensteht, daß sie die Grundlage für akzessorische (bürgschaftliche oder gegenständliche) Haftungen zu bilden vermag und auch dem Schuldner selbst gegenüber durchsetzbar wird, wenn dieser nachträglich einen dem Zugriff des Gläubigers unterliegenden Erwerb macht.

Interessante Beleuchtung erfährt das Verhältnis von Schuld und Haftung durch die Fälle der beschränkten Haftung im technischen Sinne. Sie sind verschieden gestaltet. Man muß bei ihnen vor allem zwischen der quantitativ beschränkten und der gegenständlich beschränkten Haftung unterscheiden. Ein Fall jener Art ist zum Beispiel gegeben, wenn sich jemand für die eventuelle Schadensersatzpflicht eines anderen verbürgt, jedoch mit der Beschränkung, daß seine Bürgschaftsschuld, soweit sie nicht durch ein von ihm selbst zu vertretendes Verhalten eine Erweiterung erfährt, sich auf nicht mehr als 5000 belaufen soll. Diese Beschränkung gewinnt praktische Bedeutung, wenn die Hauptverbindlichkeit 5000 überschreitet. Trotzdem beschränkt sich die Verpflichtung des Bürgen auf 5000, in Ansehung deren aber der Bürge mit seinem ganzen Vermögen haftet.

---

[70] Im Sinne des Textes haftete daher nach römischem Recht auch das zurzeit vermögenslose Hauskind in Ansehung der von ihm rechtsgültig kontrahierten Schulden. Vgl. auch Brinz, Pandekten II², S. 28.

Wesentlich anders geartet ist die quantitative Beschränkung der Haftung des Kommanditisten, der seine Einlage noch nicht eingezahlt hat, gegenüber den Gesellschaftsgläubigern [71]. Ein solcher Kommanditist befindet sich in einem dreifachen Schuld- bezw. Haftungsverhältnis. Er ist zunächst seinen Mitgesellschaftern gegenüber zur Leistung seiner Einlage verpflichtet und haftet in dieser Beziehung unbeschränkt mit seinem ganzen Vermögen. Als Mitinhaber des Gesellschaftsvermögens trifft ihn sodann die eigenartige Verpflichtung, die Befriedigung der Gesellschaftsgläubiger aus dem Vermögen der Gesellschaft nach Maßgabe der Bestimmungen des Gesellschaftsrechtes zuzulassen. Er ist endlich den Gesellschaftsgläubigern gegenüber auch selbständig unmittelbar und persönlich zur Befriedigung ihrer Ansprüche verpflichtet, jedoch mit der Beschränkung, daß er für sie nicht in höherem Maße aufzukommen hat, als die von ihm nach Maßgabe der den Gesellschaftsgläubigern gegenüber erfolgten Festlegung noch zu leistende Einlage beträgt. Diese Schuldpflicht des Kommanditisten entfällt gegenüber allen Gesellschaftsgläubigern nicht nur insoweit, als er seine Einlage unmittelbar an die Gesellschaft bereits geleistet, sondern auch, soweit er den Betrag der von ihm zu machenden Einlage zur Befriedigung eines oder mehrerer Gesellschaftsgläubiger verwendet hat und sie erlischt somit vollständig, auch gegenüber denjenigen Gesellschaftsgläubigern, welche nichts erhalten haben, sobald der Betrag, über den hinaus der Kommanditist nicht haftet, durch Leistungen der bezeichneten Art erschöpft ist.

Nach römischem Recht haftete der Gewalthaber gegenüber der actio de peculio insofern quantitativ beschränkt, als er dem auf der angegebenen Grundlage auftretenden Gläubiger, wenn überhaupt, so mit seinem ganzen Vermögen aber nur dumtaxat de peculio, d. h. nur insoweit verpflichtet war, als der in der intentio bezeichnete Betrag zur Zeit der condemnatio [72]

---

[71] Vgl. HGB. §§ 161 ff.

[72] Dazu Lenel, Das Edictum Perpetuum, [2] S. 272.

durch den Wert des peculium rechnerisch gedeckt erschien. Hierauf kann hier nicht weiter eingegangen werden.

Wichtiger für uns ist der durch Justinian normierte Fall der quantitativ beschränkten Haftung des Benefiziarerben für die Nachlaßverbindlichkeiten (Haftung des Erben mit seinem ganzen Vermögen pro viribus hereditatis). Er hebt sich von den bisher genannten Fällen in einem bemerkenswerten Punkte ab[73]. Während wir es dort mit Gestaltungen zu tun hatten, wo die quantitative Beschränkung der Haftung auf den Inhalt der in der Person des Haftenden neu entstehenden akzessorischen Verpflichtung bestimmend einwirkt, läßt die quantitative Beschränkung der Haftung des Inventarerben das Dasein und den Inhalt der in der Person des Erblassers entstandenen und als Last des Nachlasses auf den Erben übergegangenen Verbindlichkeiten unberührt und bestimmt sich nach ihr lediglich die Grenze, über die hinaus eine Realisierung der Haftung gegenüber dem Erben ausgeschlossen ist. Auf die praktische Bedeutung dieses Unterschiedes ist später noch zurückzukommen.

Innerhalb der Fälle der gegenständlich beschränkten Haftung macht sich folgender Unterschied bemerkbar. In der einen Gruppe der hierher gehörenden Fälle steht dem Gläubiger ein unmittelbar gegen die Person des Schuldners[74] zu verfolgender Anspruch auf Leistung zu, vermag aber dieser seine Haftung auf einen bestimmten Komplex von Gegenständen einzuschränken und damit den Zugriff des Gläubigers auf andere Gegenstände auszuschließen.

So beschaffen ist zum Beispiel die Haftung des Alleinerben nach Maßgabe der §§ 1990—1992 BGB. oder die eines noch nicht schlechthin unbeschränkt haftenden Miterben nach Maßgabe des § 2059 Abs. 1 BGB. und die Haftung des Vermögensübernehmers nach § 419 BGB.; ferner die Haftung der Ehefrau

---

[73] Dieser Punkt bleibt meist unbeachtet.

[74] Das Gesetz spricht mit Bezug auf solche Fälle ausdrücklich von „persönlicher" Haftung. Vgl. dazu S. 46.

nach der Auseinandersetzung der Gütermeinschaft aus einer vor der Auseinandersetzung nicht berichtigten Gesamtgutsverbindlichkeit, aus der für sie eine „persönliche“ Haftung zunächst nicht erwachsen war, nach § 1480 BGB.

In allen diesen Fällen führt die Beschränkung der Haftung, obschon durch sie an dem Wofür der Haftung nichts geändert wird, doch zu einer möglicherweise sehr empfindlichen Einschränkung der dem Gläubiger gegenüber seinem Schuldner regelmäßig zukommenden Rechtsmacht, die in ihrem praktischen Erfolge von einer Reduktion, ja unter Umständen sogar von einer völligen Verneinung der Forderung bezw. der Schuldpflicht nicht wesentlich entfernt zu sein scheint.

Bezüglich des unbeschränkt haftenden Schuldners ist oben gesagt worden, daß er schlechthin zur Leistung verurteilt werden kann, auch wenn er zur Zeit ein dem Zugriff des Gläubigers unterliegendes Vermögen nicht hat. Mit dem gegenständlich beschränkt haftenden und die Beschränkbarkeit seiner Haftung auch entsprechend geltend machenden Schuldner verhält es sich anders. Dies tritt mit besonderer Deutlichkeit in die Erscheinung, wenn der Schuldner dem auf die Leistung klagenden Gläubiger gegenüber sofort liquid stellt, daß das Womit der Haftung bereits erschöpft ist. Es unterliegt keinem Zweifel, daß hier der Gläubiger mit seinem Begehren abgewiesen werden muß[75].

Allein durch eine solche Abweisung — und das ist wohl zu beachten — wird keineswegs das Vorhandensein eines Schuld- und Haftungsgrundes verneint, sondern nur die Erschöpfung desjenigen Vermögens festgestellt, auf das der Schuldner seine Haftung beschränken durfte und zugleich, daß dieser für die Schuld mit seinem sonstigen Vermögen nicht aufzukommen hat. Es liegt also auch hier eine im Wege des gegen den Schuldner zu übenden Rechtszwanges nicht einbringliche Forderung bezw. Schuld vor. Nur ist die Uneinbringlichkeit hier in noch stärkerem Maße vor-

[75] So auch v. Tuhr, S. 113 Anm. 70 im Anschluß an die allgemeine Meinung.

handen als bei der Mittellosigkeit des unbeschränkt haftenden Schuldners. Denn diesem gegenüber kann im Falle eines von ihm später gemachten Erwerbs ein wirksamer Rechtszwang noch geübt werden, dem nur beschränkt haftenden Schuldner gegenüber bleibt dagegen der Anspruch des wegen völliger Erschöpfung des haftenden Sondervermögens abgewiesenen Gläubigers unter allen Umständen undurchsetzbar.

Die rechtliche Bedeutung eines einmal begründeten und materiell nicht aufgehobenen schuldrechtlichen Leistensollens beschränkt sich jedoch nicht auf das Verhältnis zwischen dem Gläubiger und dem Schuldner, sondern zeigt sich wie bei unbeschränkter, so auch bei gegenständlich beschränkter schuldrechtlicher Haftung noch darin, daß die dem Schuldner gegenüber uneinbringliche Forderung bezw. Schuld die fortdauernde Grundlage für eine an sie angeknüpfte bürgschaftliche oder pfandrechtliche Haftung zu bilden vermag. Der wesentliche Zweck der genannten akzessorischen Haftungen besteht ja gerade darin, den Gläubiger für den Fall der Insolvenz des Hauptschuldners zu sichern. Für diesen Zweck ist es grundsätzlich gleichgiltig, ob der unbeschränkt haftende Schuldner insolvent oder ob das dem Gläubiger prinzipal haftende Sondervermögen endgültig erschöpft ist. Aus diesem Gesichtspunkte rechtfertigt sich daher auch die gesetzliche Entscheidung, daß sich weder der Bürge (§ 768 BGB.) noch der Eigentümer eines hypothekarisch oder pfandrechtlich haftenden Gegenstandes (§§ 1137, 1211) oder derjenige, dem gegenüber ein Recht aus einer Vormerkung begründet ist (§ 884 BGB.) auf die nur beschränkte Haftung desjenigen berufen kann, der den Schuldner beerbt hat.

Derselbe Gesichtspunkt macht sich übrigens unter Umständen auch bei der quantitativ beschränkten Haftung geltend. So ist insbesondere für das römische Recht nicht zu bezweifeln, daß Bürgen und Pfänder im Falle der Beerbung des Hauptschuldners durch einen Benefiziarerben nicht insoweit frei werden, als der Betrag der gesicherten Hauptschuld durch den Wert des

Nachlasses nicht gedeckt ist[76]. Gleiches muß auch für das heutige Recht dort gelten, wo sich die gegenständlich beschränkte Haftung des Erben tatsächlich in eine quantitativ beschränkte Haftung verwandelt; so wenn der Erbe noch vor der vollständigen Befriedigung der Nachlaßgläubiger den ganzen Nachlaß in sein Vermögen hinein verwendet hat. Die beschränkte Haftung des Erben gegenüber den noch unbefriedigten Nachlaßgläubigern gestaltet sich dann so, daß er ihnen zwar mit seinem ganzen Vermögen, aber nicht über den Wert hinaus haftet, der aus dem Nachlaß in sein Vermögen übergegangen ist.

Beachtlich ist aber noch folgendes. Obschon vorhin gesagt worden ist, daß die Erschöpfung des haftenden Sondervermögens zu einer Erlöschung der unbefriedigt gebliebenen Forderungen nicht führt, so darf doch nicht das Vorhandensein von Fällen verkannt werden, in denen aus dem Nichtgedecktsein eines Anspruchs, dessen Befriedigung aus dem Sondervermögen verlangt wird, der Schluß gezogen werden muß, daß der Anspruch überhaupt nicht oder doch in der nicht gedeckten Höhe nicht vorhanden ist. Steht zum Beispiel fest, daß der Nachlaß schon zur Zeit des Erbfalls durch Erblasserverbindlichkeiten überschuldet war, so ist zugleich auch sicher, daß es an einer wesentlichen Voraussetzung für die Entstehung von Pflichtteilsansprüchen fehlt[77] und daß der N a c h l a ß auch durch Vermächtnisse nicht belastet sein kann[78]. Es mag

[76] Vgl. übrigens auch l. 1 § 14 D. depos. 16, 3 und l. 95 § 1 i. f. D. de sol. 46, 3.

[77] Die Entstehung des Pflichtteilsanspruchs hat zur notwendigen Voraussetzung, daß zur Zeit des Erbfalls ein aktiver Nachlaß vorhanden ist.

[78] Daß Vermächtnisnehmer a u s e i n e m s c h o n s e i t d e m E r b f a l l d u r c h E r b l a s s e r s c h u l d e n ü b e r s c h u l d e t e n Nachlaß nichts zu bekommen haben, ist klar. Allein es kann unter Umständen wichtig werden, daß in solchem Falle eine den Nachlaß belastende Verbindlichkeit überhaupt nicht vorliegt. So insbesondere, wenn der Vermächtnisnehmer seinen vermeintlichen Anspruch dem Nachlaß gegenüber aufrechnen will; vgl. meine Ausführung bei Planck V³ zu § 1992 Anm. 5, zustimmend J a e g e r, KO.³ §§ 226—229 Anm. 31. Daß der unbeschränkt haftende Erbe auch für ein Vermächtnis der bezeichneten Art zu haften hat, wie wenn bezüglich des-

ferner daran erinnert werden, daß im Falle eines Untervermächtnisses nicht nur die Haftung, sondern auch der Inhalt der Verpflichtung des Hauptvermächtnisnehmers durch den Wert des Gegenstandes des Hauptvermächtnisses eine Begrenzung erfährt. Die Haftung des Hauptvermächtnisnehmers ist so beschaffen, daß er für die den Gegenstand des Untervermächtnisses bildende Leistung zwar mit seinem ganzen Vermögen, aber doch nur nach Maßgabe des § 2187 BGB. haftet. Er darf hiernach die Leistung insoweit verweigern[79], als dasjenige, was er zufolge des Hauptvermächtnisses erhält, zur Erfüllung nicht ausreicht und kann den Untervermächtnisnehmer sowohl dadurch abfinden, daß er ihm den Gegenstand des Hauptvermächtnisses zum Zwecke der Befriedigung zur Verfügung stellt, als auch in der Weise, daß er ihm den Wert jenes Gegenstandes leistet. Die praktische Bedeutung dieser Auffassung ist, daß sich auf die bezeichnete Beschränkung der Haftung, da sie zugleich zu einer Beschränkung des Inhalts der Verpflichtung des Hauptvermächtnisnehmers führt, auch ein Bürge oder der Eigner eines für diese Verpflichtung haftenden Gegenstands berufen kann, wogegen eine Berufung der genannten Personen auf die Insolvenz des für den bezeichneten Obligationsinhalt mit seinem ganzen Vermögen haftenden Hauptvermächtnisnehmers ausgeschlossen wäre.

Aber noch eine weitere Bemerkung drängt sich auf. Auch dort, wo die soeben hervorgehobenen Gesichtspunkte nicht zutreffen, muß der Frage näher getreten werden, ob mit Bezug auf einen gegenständlich beschränkt haftenden und sein Recht zur Haftungsbeschränkung entsprechend geltend machenden Schuldner von einer Schuldpflicht gegenüber dem unbefriedigt gebliebenen Gläubiger noch gesprochen werden kann. Diese Frage ist aus den schon

selben eine Nachlaßverbindlichkeit vorläge, ist eine an den Umstand, vermöge dessen die unbeschränkte Haftung eingetreten ist, besonders geknüpfte nachteilige Folge.

[79] Dieses Leistungsverweigerungsrecht ist so geartet, daß es nicht nur für das Maß der Haftung, sondern auch für den Inhalt der Verpflichtung von Bedeutung ist.

weiter oben angeführten Gründen insoweit zu bejahen, als der Fortdauer der Schuldpflicht praktische Bedeutung noch zukommen kann[80], was insbesondere nach folgenden Richtungen möglich ist: Der Anspruch aus einer solchen Schuldpflicht kann einredeweise geltend gemacht werden, er kann bei Vorhandensein der Aufrechnungslage aufgerechnet werden, und akzessorische Haftungen bleiben durch die Undurchsetzbarkeit des Anspruchs gegenüber dem Schuldner unberührt[81]. Zweifellos kann ferner bei Vorhandensein eines Feststellungsinteresses auf Feststellung geklagt werden.

In der jetzt noch zu besprechenden zweiten Gruppe von Fällen der gegenständlich beschränkten schuldrechtlichen Haftung ist dem Gläubiger eine gegen die Person des Schuldners sich richtende Leistungsklage versagt[82]. So gestaltet ist

---

[80] Die Auffassung derjenigen (vgl. oben S. 18 Anm. 38), welche in der Schuldpflicht ein Leistenmüssen des Schuldners erblicken, erweist sich hier offensichtlich als unhaltbar. Selbst die Annahme eines fortdauernden Leistensollens des Schuldners ist dort, wo der gläubigerische Anspruch diesem gegenüber im konkreten Falle vollständig undurchsetzbar ist, nicht ohne Schwierigkeit. Immerhin nimmt aber die Rechtsordnung bei der Entscheidung der Frage, ob akzessorische Haftungen fortdauern, ein fortdauerndes Leistensollen des Hauptschuldners noch als vorhanden an. Vgl. übrigens noch Anm. 81.

[81] Anders geartet ist der Fall des § 193 KO., wonach durch den Zwangsvergleich die Rechte der Gläubiger gegen Mitschuldner und Bürgen des Gemeinschuldners, sowie die Rechte aus einem für die Forderung bestehenden Pfandrecht, aus einer für sie bestehenden Hypothek, Grundschuld oder Rentenschuld und aus einer zu ihrer Sicherung eingetragenen Vormerkung nicht berührt werden. Während im Falle des Textes der Grund der Haftbarkeit des Sondervermögens noch fortbesteht, ist im Falle des § 193 KO. der Grund der Haftbarkeit des Vermögens des Gemeinschuldners derart weggefallen, daß dieses dem Gläubiger selbst dann nicht haftet, wenn sich die Vermögenslage des Schuldners späterhin noch so günstig gestaltet. Die am Schlusse von Anm. 80 aufgestellte Formel wird sich aber auch hier verwenden lassen. Siber, S. 22, 23 meint mit Bezug auf Fälle dieser Art sagen zu können, daß das „Bekommensollen“ das „Leistensollen“ überlebt. Hierdurch wird aber nicht ausgedrückt, daß das „Leistensollen“ des Schuldners bezüglich der akzessorischen Haftungen nach dem Willen der Rechtsordnung als fortdauernd zu gelten hat.

[82] Vgl. zu diesen Fällen Hellwig, System des deutschen Zivilprozeßrechts I § 71.

die Haftung des Kommanditisten, der seine Einlage bereits eingezahlt hat. Er haftet den Gesellschaftsgläubigern nur mit seiner Einlage und ist Schuldner in dem Sinn, daß er deren Befriedigung aus dem Gesellschaftsvermögen nach Maßgabe der gesellschaftsrechtlichen Bestimmungen zuzulassen hat. Die klagweise Geltendmachung der Ansprüche der Gesellschaftgläubiger auf Befriedigung aus dem Gesellschaftsvermögen erfolgt aber nicht gegenüber dem Kommanditisten, sondern gegenüber den zur Vertretung der Gesellschaft berufenen Gesellschaftern. Mit Rücksicht auf die Eigenart der Haftung und den eigenartigen Inhalt der Verpflichtung des Kommanditisten wird man nach endgiltiger Erschöpfung des Gesellschaftsvermögens von Haftung und Schuld des Kommanditisten überhaupt nicht mehr reden können.

Auf dem Gebiete des bürgerlichen Rechts mögen folgende Fälle namhaft gemacht werden: Nach § 1975 haftet der nicht aus besonderem Grunde allen oder einzelnen Nachlaßgläubigern gegenüber schlechthin unbeschränkt haftende Erbe während der Dauer der Nachlaßverwaltung und des Nachlaßkonkurses nur mit dem Nachlaß und nach § 1984 bezw. KO. §§ 6, 214 ff. kann der gegen den Nachlaß sich richtende Anspruch während dieser Zeit nur gegen den Nachlaß- bezw. gegen den Nachlaßkonkursverwalter geltend gemacht werden[83]. Nach Aufhebung der amtlichen Nach-

[83] Bei v. Tuhr, S. 121 begegnet man der Behauptung, daß für den beschränkt haftenden Erben mit dem Zeitpunkt der amtlichen Nachlaßabsonderung jede Verpflichtung zur Erfüllung der Nachlaßverbindlichkeiten erlösche, daß dagegen z. B. im Falle der Nachlaßverwaltung der Nachlaßverwalter zur Erfüllung der Nachlaßverbindlichkeiten in dem Maße verpflichtet sei, in welchem ohne die Nachlaßverwaltung der Erbe dazu verpflichtet gewesen wäre. Dem kann nicht beigestimmt werden. Hat ein Nachlaßgläubiger z. B. die Leistung von 1000 oder die Leistung eines bestimmten Gegenstandes zu fordern, so bleibt der Erbe in Ansehung dieser Leistung Schuldner und wird keineswegs an Stelle des Erben der Nachlaßverwalter zum Schuldner dieser Leistung. Die eingetretene Veränderung besteht nur darin, daß der Erbe die von ihm geschuldete Leistung nicht selbst, sondern durch den ihn von der Verwaltung des Nachlasses ausschließenden Nachlaßverwalter zu erbringen hat, und daß der Gläubiger sein Verlangen auf Leistung nicht gegen die Person des Erben, sondern gegen den Nachlaßverwalter zu richten hat. Eine wichtige Folge der fort-

laßabsonderung ist der Erbe bezüglich dieser Ansprüche wieder passiv legitimiert, jedoch mit der Maßgabe, daß er seine Haftung in aller Regel auf den Nachlaß beschränken kann.

Eine eigenartige Gestaltung des Verhältnisses von Schuld und Haftung kann sich sodann bei der ehelichen Gütergemeinschaft ergeben[84]. Bemerkenswert ist insbesondere die infolge der Haftung des Gesamtguts für alle Verbindlichkeiten des Mannes eintretende Einwirkung auf die schuldrechtliche Stellung der Frau. Da das Gesamtgut ein den Ehegatten zur gesamten Hand zustehendes Sondergut bildet, so liegt in dessen Haftung notwendig zugleich eine beschränkte Haftung der Frau für die Verbindlichkeiten des Mannes[85]. Während der Dauer der Gütergemeinschaft kann jedoch ein aus dem Gesamtgut zu befriedigender Anspruch nur dem Manne gegenüber geltend gemacht werden[86]. Unzulässig wäre es, wenn man hieraus den Schluß ziehen wollte, daß die Frau im vorausgesetzten Falle zwar hafte, als Schuldnerin dagegen nicht in Betracht komme. Die rechtliche Lage der Frau

dauernden Schuldnerschaft des Erben ist es, daß er ein den Nachlaßverwalter hinsichtlich der von diesem vorzunehmenden Erfüllung treffendes Verschulden innerhalb der Schranken der gegenständlich beschränkten Haftung zu vertreten hat. Hierbei darf freilich nicht übersehen werden, daß auch der Nachlaßverwalter in einem Obligationsverhältnis steht und zwar nicht nur in einem solchen, vermöge dessen er dem Erben verantwortlich ist, sondern auch in einem solchen, zufolge dessen er den Nachlaßgläubigern gegenüber zu ordnungsmäßiger Verwaltung verpflichtet ist und wegen Außerachtlassung dieser Verpflichtung zu haften hat (BGB. § 1985 Abs. 2). Nach der bezeichneten Richtung unterscheidet sich die rechtliche Stellung eines Nachlaßverwalters sehr wesentlich von der eines, das Vermögen des Mündels verwaltenden Vormunds, der in einem besonderen Obligationsverhältnis zu den Gläubigern des Mündels nicht steht. Unzutreffend ist es jedoch, wenn neben diesem bei Vorhandensein eines Nachlaßverwalters bestehenden Obligationsverhältnis, aus dem der Nachlaßverwalter den geschädigten Nachlaßgläubigern persönlich haftet, eine Schuldpflicht des Erben überhaupt nicht mehr anerkannt wird.

84 Vgl. hierzu BGB. §§ 1459 ff.

85 Dazu Hellwig a. a. O. S. 170.

86 Hellwig, S. 170 hält allerdings eine „auf Duldung der Zwangsvollstreckung“ in das Gesamtgut gerichtete Klage gegen die Frau nicht nur für zulässig, sondern sogar für nützlich.

gegenüber den bezeichneten Ansprüchen ist im wesentlichen keine andere, als die des beschränkt haftenden Erben gegenüber den gegen den Nachlaß sich richtenden Ansprüchen der Nachlaßgläubiger während der Dauer der amtlichen Nachlaßabsonderung. Und wenn man nicht nur berechtigt, sondern geradezu bemüßigt ist, den Erben ungeachtet des Ausschlusses einer gegen ihn persönlich sich richtenden Rechtsverfolgung als Schuldner anzusprechen, so wird man der Frau auch in unserem Falle die Stellung einer Schuldnerin zuerkennen müssen. Durch die eigentümliche Gestaltung der Haftung wird freilich in beiden Fällen auch der Inhalt der Schuldpflicht beeinflußt. Denn dieser beschränkt sich für die angegebene Zeit auf die Zulassung der Befriedigung des Gläubigers aus dem abgesonderten Nachlaß bezw. aus dem unter der Verwaltung des Mannes stehenden Gesamtgut.

Daß sich hinter der Haftung des Gesamtguts für alle Verbindlichkeiten des Mannes auch eine Schuld der Frau verbirgt, tritt zu Tage, sobald die Gütergemeinschaft aufgelöst wird, und wird besonders deutlich, wenn es zur Auseinandersetzung des Gesamtguts kommt, noch bevor alle Gesamtgutsverbindlichkeiten getilgt sind. Denn im ersten Falle steht die Verwaltung des Gesamtguts bis zur Auseinandersetzung beiden Ehegatten gemeinschaftlich zu und sind daher auch die aus dem Gesamtgut zu befriedigenden Ansprüche gegenüber beiden Ehegatten zu verfolgen. (§ 1472). Eine Verurteilung der Frau bezüglich einer Schuld, für die das Gesamtgut nur deshalb haftet, weil sie in der Person des Mannes entstanden ist, kann aber doch nur in der Weise erfolgen, daß jene, soweit an ihr liegt, für die Befriedigung des Gläubigers aus dem Gesamtgut aufzukommen habe.

Im zweiten Falle kann die Frau bezüglich einer vor der Auseinandersetzung nicht berichtigten Gesamtgutsverbindlichkeit persönlich auf Leistung verklagt werden. Das Gesetz bestimmt in dieser Beziehung:

§ 1480. Wird eine Gesamtgutsverbindlichkeit nicht vor der Teilung des Gesamtguts berichtigt, so haftet dem Gläubiger auch der Ehegatte persönlich als Gesamtschuldner, für den zur Zeit der Teilung eine solche Haftung nicht besteht. Seine Haftung beschränkt sich auf die ihm zugeteilten Gegenstände; die für die Haftung des Erben geltenden Vorschriften der §§ 1990, 1991 finden entsprechende Anwendung.

Zwei Dinge sind dabei bemerkenswert: Einmal, daß das Gesetz den Ausdruck persönlich haften nicht nur bei der unbeschränkten, sondern auch bei der beschränkten Haftung verwendet, bei dieser aber doch nur dann, wenn der Anspruch des Gläubigers durch eine gegen die Person des beschränkt haftenden Schuldners sich richtende Klage verfolgbar ist. Sodann, daß der Begriff der schuldrechtlichen Haftung mit dem der persönlichen Haftung nicht zusammenfällt; jener ist vielmehr weiter als dieser. Denn es hat sich gezeigt, daß es Fälle beschränkter schuldrechtlicher Haftung gibt, in denen der Gläubiger gegen denjenigen, der sein Schuldner ist oder der ihm neben einem anderen schuldet, nicht auf Leistung klagen kann und sein Recht auf Befriedigung aus dem dem Schuldner allein gehörenden oder doch mitgehörenden Sondervermögen nur gegen den zur Verwaltung dieses Vermögens Berufenen — der dem Gläubiger im Falle der ehelichen Gütergemeinschaft übrigens zugleich auch als persönlicher Schuldner gegenübersteht — durchzuführen vermag. Von der rein gegenständlichen Haftung unterscheidet sich diese beschränkte schuldrechtliche — aber unpersönliche — Haftung dadurch, daß der Gläubiger kein Recht an den zum Sondervermögen gehörenden Gegenständen hat, sowie dadurch, daß dem Gläubiger von dem zur Verwaltung des Sondervermögens Berufenen grundsätzlich für eine seinem Interesse entsprechende Verwaltung gehaftet wird[87]. Bezüglich des Gesamtguts bei der ehelichen Gütergemeinschaft kommt eine solche besondere Haftung des Verwalters allerdings

[87] Hierbei kann je nach Umständen eine persönliche Haftung des Schuldners selbst oder auch gewisser an Stelle des Schuldners zur Verwaltung des Sondervermögens berufener Personen in Frage kommen; vgl. S. 33 Anm. 66 und S. 43 Anm. 83.

für die Zeit nicht in Frage, während welcher die Verwaltung des Gesamtguts lediglich vom Ehemann geführt wird; denn dieser haftet für alle Verbindlichkeiten des Gesamtgutes ohnehin unbeschränkt mit seinem ganzen Vermögen.

Zweiter Abschnitt.

Nachfolge in die Schuldpflicht.

I.

Auf Grund der vorangegangenen Erörterungen kann jetzt der Frage der Schuldnachfolge näher getreten werden. Hierbei handelt es sich nicht darum, ob es überhaupt möglich und juristisch konstruierbar sei, daß ein Gläubiger an Stelle seines bisherigen Schuldners einen neuen Schuldner erhalte. Diese Möglichkeit steht vielmehr fest, und was tatsächlich ist, muß auch juristisch begriffen werden können. Der Gegenstand der Frage kann vielmehr nur sein, ob und inwieweit die Vorgänge, welche einen Wechsel in der Person des Schuldners in die Erscheinung treten lassen, den bei der Nachfolge in das Forderungsrecht des Gläubigers sich abspielenden Vorgängen gleichartig sind.

Nach allen entwickelten Rechten erlöschen Forderungsrechte grundsätzlich — d. h. abgesehen von aus besonderen Gründen sich erklärenden Ausnahmefällen — durch den Tod des ursprünglichen Gläubigers nicht, sondern gehen auf dessen Erben über. In langsam, aber sicher fortschreitender Entwicklung hat sich sodann auch die schon im gemeinen Recht anerkannte und von allen modernen Gesetzgebungen festgehaltene Sondernachfolge in Forderungsrechte durchgesetzt.

Wie im Falle der Gesamtnachfolge ist das Forderungsrecht des neuen Gläubigers auch im Falle der Sondernachfolge insofern mit dem des bisherigen Gläubigers identisch, als nicht nur der Inhalt des schuldnerischen Leistensollens, sondern auch die Gestaltung der Haftung durch den Wechsel in der Person des

Gläubigers völlig unberührt bleibt[1]. Ein Unterschied zwischen dem auf Gesamtnachfolge und dem auf Einzelnachfolge beruhenden Übergang eines Forderungsrechts auf einen neuen Gläubiger besteht freilich darin, daß dieser im ersten Falle auch in das zwischen dem ursprünglichen Gläubiger und dem Schuldner bestehende Kausalverhältnis eintritt, im zweiten Falle dagegen nicht[2]. Aber auch im Falle der Einzelnachfolge bleibt wahr, daß der Schuldner dem neuen Gläubiger nicht aus einer neuen causa schuldet und haftet, sondern kraft desselben Schuld- und Haftungsgrundes, aus dem er dem bisherigen Gläubiger schuldete und haftete.

Ungleich stärker als das Forderungsrecht mit der Person des ursprünglichen Gläubigers ist die Schuldpflicht und die mit ihr gegebene schuldrechtliche Haftung mit der Person des ursprünglichen Schuldners verknüpft. Dies zeigt sich zunächst schon darin, daß diejenigen Fälle sehr viel häufiger sind, in denen schon der Inhalt des schuldnerischen Leistensollens mit einem Wechsel in der Person des Schuldners unverträglich ist, als in welchen dasselbe für einen Wechsel in der Person des Gläubigers zutrifft. Ein Eingehen hierauf erübrigt sich jedoch schon deswegen, weil man allgemein darüber einig ist, daß in Fällen solcher Art von einer Schuldnachfolge keine Rede sein kann.

Scheidet man die genannten Fälle aus, so drängt sich aber noch immer folgende Erwägung auf. Eine Nachfolge in das Forderungsrecht hat sich uns überall dort als möglich erwiesen, wo die Schuldpflicht d. h. das auf schuldrechtlicher Haftung beruhende Leistensollen des Schuldners durch den Wechsel in der Person des Gläubigers im wesentlichen unberührt bleibt. Dementsprechend muß gesagt werden, daß eine Nachfolge in die Schuldpflicht nur insoweit möglich ist, als die Rechtsstellung des Gläubigers

---

[1] So auch v. Gierke, Schuldnachfolge und Haftung, S. 58/59 Anm. 6 a. E.

[2] Richtig Knoke a. a. O. S. 456; vgl. auch die weitere Ausführung auf S. 140 f. dieser Abhandlung.

durch den Wechsel in der Person des Schuldners keine als erheblich zu erachtende Veränderung erfährt. Worin besteht aber das Wesen dieser Rechtsstellung?

Unrichtig würde es sein, wenn man es lediglich in dem Inhalt der geschuldeten Leistung erblicken und demgemäß behaupten wollte, daß die Rechtsstellung des Gläubigers, ungeachtet eines Wechsels in der Person des Schuldners im wesentlichen unverändert bleibe, wenn das vom neuen Schuldner Geschuldete sich inhaltlich mit dem deckt, was der bisherige Schuldner schuldete. Denn so bedeutsam der Inhalt der geschuldeten Leistung für die Abschätzung des dem Gläubiger zukommenden Rechtes auch ist, so erlangt er doch das Recht auf sie erst dadurch, daß ihm für ihre Bewirkung von jemandem (dem Schuldner) gehaftet wird[3]. Beruht aber die Rechtsstellung des Gläubigers wesentlich auf der schuldrechtlichen Haftung desjenigen, der ihm bei Begründung des Schuldverhältnisses als Schuldner gegenübersteht, so ist ihr Fortbestand mit einem Wechsel in der Person des Schuldners nur verträglich, wenn und soweit dem Gläubiger durch diesen Wechsel von der ihm vermöge des Schuldgrundes zukommenden haftungsrechtlichen Anwartschaft nicht Wesentliches verloren geht. Die Möglichkeit für das Zutreffen dieser Voraussetzung ist offenbar überall dort gegeben, wo die schuldrechtliche Haftung sich praktisch in der Vermögenshaftung des Schuldners erschöpft[4].

---

[3] Vgl. auch Brinz, Pandekten [2]II §§ 208, 214—216; v. Amira, Nordgerm. Obligationenrecht I § 11, II S. 85; P. Puntschart, Schuldvertrag und Treugelöbnis, S. 207, 219, 234; v. Tuhr, S. 258, der, indem er hier ausführt, daß bei den sogenannten Naturalobligationen ein gläubigerischer Anspruch, ein Recht, die Leistung zu verlangen, fehlt, zugleich anerkennt, daß ein solches Recht, weil auf der Haftung beruhend, das Vorhandensein einer solchen zur unumgänglichen Voraussetzung hat. S. auch noch v. Mayr, Römische Rechtsgeschichte II 2 S. 7.

[4] Aus der im Texte hervorgehobenen Erscheinung ergibt sich zugleich die Erklärung für die Möglichkeit des Bestehens von Schuldpflichten zwischen dem Hauptvermögen einer Person und einem derselben Person gehörenden Sondervermögen (vgl. dazu v. Tuhr, S. 340 ff.). Sie müßte ausgeschlossen sein, wenn man sich die Schuldpflicht als etwas für sich Bestehendes, von der Haftung völlig Unabhängiges zu denken hätte.

Da das dem Gläubiger kraft des ursprünglichen Schuld- und Haftungsgrundes haftende Vermögen des Schuldners die Person des Schuldners zu überdauern vermag, braucht der Wegfall des bisherigen Schuldners nicht zur Erlöschung der Haftung und der auf ihr beruhenden Schuldpflicht zu führen. Das durch die Vermögenshaftung des bisherigen Schuldners getragene Leistensollen kann vielmehr als Schuld desjenigen, auf welchen das Vermögen des weggefallenen Schuldners übergegangen ist, fortbestehen, ohne daß der Gläubiger dadurch eine Einbuße an seiner bisherigen haftungsrechtlichen Anwartschaft erleidet. Ja noch mehr: die Nachfolge des Erwerbers des einem weggefallenen Schuldner gehörenden Vermögens in die Schuldpflicht ist nicht nur ohne jede Beeinträchtigung des gläubigerischen Rechtes möglich, sondern sie ist zur Wahrung und Erhaltung der für den Gläubiger gegenüber dem ursprünglichen Schuldner erworbenen Rechtsstellung geradezu geboten[5].

II.

In allen Rechten finden wir daher schon frühzeitig die erbrechtliche Schuldnachfolge entwickelt. Auf den Erben gehen mit dem vererblichen Aktivvermögen des Erblassers auch dessen nicht unvererbliche Schulden als Nachlaßlast über. Der rechtliche Zusammenhang zwischen Schuld und Haftung wird dadurch deutlich anerkannt. Die causa, vermöge deren der Erblasser Schuldner und dessen Vermögen den Gläubigern haftbar wurde, wirkt auch nach dem Tode des Erblassers fort. Das vom Erblasser hinterlassene Vermögen ist ungeachtet des Wechsels in der Person des Vermögensinhabers dem Zugriff der Erblassergläubiger nicht minder unterworfen, als es dies war, solange der Erblasser noch lebte, und indem der Erbe Herr dieses Vermögens wird, tritt er zugleich als ein mit ihm für die Erblasserschulden Haftender an Stelle des Erblassers als Schuldner ein. Die rechtliche Natur des Vorgangs prägt sich am reinsten aus, wenn man

[5] Dazu Saleilles in der Festschrift für Gierke, S. 1015 ff., besonders S. 1018, 1023, 1028.

die Fälle in Betracht zieht, daß die Annahme der Erbschaft noch aussteht[6] oder, wo es, obschon die Annahme der Erbschaft bereits entschieden ist, nach Maßgabe des § 1975 BGB. zur amtlichen Nachlaßabsonderung gekommen ist. Den Nachlaßgläubigern haftet hier — soweit nicht die zunächst außer Betracht bleibende Bestimmung des § 2013 eingreift — bekanntlich nur der Nachlaß.

Wenn O. v. Gierke[7] geltend macht, daß ja doch auch in den eben genannten Fällen eine wesentliche Veränderung der Haftung schon insofern vorliege, als an die Stelle der unbeschränkten Haftung des Erblassers die beschränkte Haftung des Erben getreten sei, so ist dies nichts weiter als ein Spiel mit Worten, das sachlicher Beurteilung nicht stand hält. Vom Standpunkte dieser ist vielmehr zu sagen: Haftete der Erblasser in Ansehung einer bestimmten Verbindlichkeit nur beschränkt (also nur mit einem, einen Bestandteil seines Vermögens bildenden Sondervermögen), so wird an dieser Haftung durch den Tod des bisherigen Schuldners nichts geändert. Der beschränkten Haftung des Erblassers entspricht vielmehr die beschränkte Haftung seines Nachlasses. Wo dagegen der Erblasser — wie in den Regelfällen — unbeschränkt haftete, haftet auch dessen Nachlaß unbeschränkt. Wenn das Gesetz trotzdem von einer beschränkten Haftung desjenigen, welchem der Nachlaß angefallen ist und nunmehr gehört, d. i. des Erben, redet, so spricht es damit nur aus, daß hierbei ungeachtet des Wechsels in der Person des Schuldners eine grundsätzliche Veränderung der Haftung nicht eintritt. Der Erbe ist in den Fällen der von Rechts wegen beschränkten Haftung zwar an Stelle des Erblassers Schuldner geworden, aber er haftet für die Verbindlichkeiten des Erblassers lediglich in seiner Eigenschaft als Herr des ererbten Vermögens und somit nicht mit seinem Eigenvermögen.

Daß in Beerbungsfällen rücksichtlich der bisherigen Erblasserschulden eine Änderung der Haftung eintreten kann, ist freilich

[6] Im Sinne des BGB. ist trotzdem ein Erbe bereits vorhanden, es ist nur ungewiß, wer sich als endgültiger Erbe herausstellen wird (§ 1953).

[7] Schuldnachfolge und Haftung, S. 45.

nicht zu bezweifeln. Unser Recht kennt nicht nur einen beschränkt, sondern auch einen schlechthin unbeschränkt haftenden Erben. Wo und soweit der Erbe in dieser Weise haftet, tritt zu dessen Haftung mit dem Nachlaß noch die Haftung mit dem Eigenvermögen hinzu. Völlig sicher ist aber zugleich, daß die hierin gelegene Erweiterung der Haftung nicht eine notwendige Folge des Sukzessionsvorganges ist[8]; denn wäre sie dies, so könnte sie bei der erbrechtlichen Schuldsukzession niemals fehlen und müßte eine von Rechts wegen auf den Nachlaß sich beschränkende Haftung des Erben ausgeschlossen sein. Zum Wesen der erbrechtlichen Schuldsukzession gehört also nur die Haftung des Erben mit dem Nachlaß; unter besonderen Voraussetzungen kann jedoch zu dieser Haftung die Haftung des Erben mit seinem Eigenvermögen akzessorisch hinzutreten[9].

Selbst wenn man aber von der, sei es in Ansehung aller, sei es in Ansehung einzelner Nachlaßverbindlichkeiten, möglicherweise eintretenden schlechthin unbeschränkten Haftung des Erben völlig absieht, so kann sich das Zugriffsrecht der Nachlaßgläubiger dem Erben gegenüber immerhin etwas anders gestalten, als es vor dem Erbgang beschaffen war. Es mag insbesondere auf folgende Gestaltung hingewiesen werden. Im Falle der Erbenmehrheit ist nach der Teilung des Nachlasses unter die Miterben hinsichtlich des Nachlasses zwar noch die Eröffnung des Nachlaßkonkurses (KO. 216, Abs. 2), nicht aber die Anordnung der Nachlaßverwaltung zulässig (§ 2062 BGB.). Bei Solvenz des Nachlasses und unter der weiteren Voraussetzung, daß auf Seiten des von einem Nachlaßgläubiger in Anspruch genommenen Miterben auch den Anforderungen (vgl. §§ 1973, 1974, 1990—1992)

---

[8] Bezüglich des römischen Rechts vgl. Saleilles a. a. O., ferner Mitteis, Römisches Privatrecht I, S. 97. Bezüglich des griechischen Rechts vgl. Partsch, Griechisches Bürgschaftsrecht I, S. 232 ff. In betreff des germanischen Rechts Heusler, Institutionen des deutschen Privatrechts I, S. 570 ff., v. Gierke, Schuld und Haftung, S. 90 ff. und Schuldnachfolge und Haftung, S. 45.

[9] Siehe hierüber noch weiter unten S. 116 ff.

nicht entsprochen ist, vermöge deren er eine gegenständliche Beschränkung seiner Haftung herbeiführen könnte, steht dem Nachlaßgläubiger behufs Befriedigung seiner Forderung der Zugriff auf Gegenstände offen, die der Miterbe nicht aus dem Nachlaß erlangt hat, sondern die zu dessen Eigenvermögen gehören. Diese Behandlung beruht auf der nahe liegenden und sachlich gerechtfertigten Erwägung, daß dem Gläubiger eine Beschränkung seines Zugriffs auf die Nachlaßgegenstände nicht mehr zugemutet werden kann, nachdem der in Anspruch genommene Miterbe bezüglich einer vorzunehmenden Absonderung seines Eigenvermögens von den ihm zugewiesenen Nachlaßgegenständen seine völlige Gleichgültigkeit bekundet und ihre praktische Durchführung sogar unmöglich gemacht hat.

Ähnlich wie in dem soeben genannten Falle verhält es sich aber auch, wenn der Allein- oder Teilerbe von der Möglichkeit, den Zugriff der Nachlaßgläubiger auf die Nachlaßgegenstände zu beschränken, obschon sie ihm noch offen steht, nicht Gebrauch machen will. Diesem Willen des Erben, demzufolge das von ihm ererbte Vermögen in seinem Eigenvermögen aufgehen soll, entsprechend muß sich daher auch der Zugriff der Nachlaßgläubiger unterschiedslos auf das gesamte Vermögen des Erben richten können.

Auf weitere Einzelheiten braucht an dieser Stelle noch nicht eingegangen zu werden. Uns genügt hier folgende Feststellung: Der Erbe haftet den Erblassergläubigern jedenfalls mit dem Nachlaß (ausnahmsweise nur mit einem zum Nachlaß gehörenden Sondervermögen). Wie jeder einzelne der Gläubiger ein Recht darauf hat, daß ihm die bezeichnete Haftung nnverkümmert erhalten bleibe, so ist auch der Erbe mit der Befugnis ausgerüstet, eine über jenes Maß hinausgehende Haftung auszuschließen. Eine Abweichung nach der Richtung, daß ein Nachlaßgläubiger noch günstiger gestellt wird, als ihm hierdurch gewährleistet ist, ist möglich; das Wesen der erbrechtlichen Schuldnachfolge wird hierdurch jedoch nicht berührt.

Nach den für die mit dem Tode des Erblassers einsetzende

gewöhnliche Erbfolge maßgebenden Grundsätzen ist die Schuldsukzession auch im Falle der Nacherbfolge zu beurteilen. Nur ist zu beachten, daß die Schulden, in welche der Nacherbe sukzediert, nicht durchaus mit denjenigen Schulden zusammenfallen, in welche der Vorerbe als successor eingetreten war. Denn einerseits können gar manche der auf den Vorerben vererbten Schulden schon während der Dauer der Vorerbschaft erloschen sein, und andrerseits können in der Person des Vorerben Nachlaßverbindlichkeiten erst entstanden sein, die mit dem Eintritt der Nacherbfolge auf den Nacherben übergehen.

Wie beim Erbgang tritt uns eine Schuldsukzession auch entgegen bei dem nach erbrechtlichen Grundsätzen zu beurteilenden Übergang des Vermögens einer erloschenen juristischen Person auf den Fiskus (BGB. §§ 46, 88).

III.

Fälle der Gesamtnachfolge und damit zugleich der Schuldsukzession sind ferner gegeben bei der sogenannten Verstaatlichung einer Aktiengesellschaft sowie bei der Übertragung des Vermögens einer Aktiengesellschaft als Ganzes an eine andere Aktiengesellschaft oder Kommanditgesellschaft auf Aktien, sofern vereinbart ist, daß die Liquidation unterbleiben soll (§§ 304—306 HGB.). Hier und dort knüpft sich an den Vermögensübergang die Haftung des übernehmenden Staates, der übernehmenden Gemeinde bezw. der übernehmenden Aktiengesellschaft (oder Kommanditgesellschaft auf Aktien) für die Verbindlichkeiten derjenigen Aktiengesellschaft, deren Vermögen übergeht. Der Unterschied zwischen beiden Fällen ist nur der, daß das Vermögen der erlöschenden Gesellschaft bei der sogenannten Fusion durch die in den §§ 306, 307 HGB. bestimmte Zeit getrennt zu verwalten ist, und die Gläubiger der erlöschenden Gesellschaft somit bis zur Vereinigung der Vermögen beider Gesellschaften so gesichert sind, wie im Falle der Liquidation, während im Falle der Verstaatlichung eine getrennte Verwaltung des Vermögens der verstaatlichten Gesellschaft nicht stattfindet, dafür aber die zur Verstaatlichung schreitende juristische Person des öffentlichen Rechts für die Verbindlichkeiten der erloschenen Gesellschaft unbeschränkt haftet.

IV.

Eine eigenartige Vermögensnachfolge vollzieht sich bei der allgemeinen Gütergemeinschaft unter Ehegatten. Nach § 1438 schließt sich hierbei das Vermögen beider Gatten zufolge des Ehevertrags zu einem Gesamtgut zusammen, in das auch das von dem Manne oder von der Frau während der Ehe erworbene Vermögen fällt. Da weder den bisherigen Gläubigern des Mannes, noch denen der Frau die Anwartschaft auf Befriedigung aus dem Vermögen ihres Schuldners durch die Vereinbarung der Gütergemeinschaft entzogen werden soll[9a], so haftet ihnen nunmehr das aus dem Zusammenschluß beider Vermögen entstandene Gesamtgut unbeschadet der Forthaftung jedes Ehegatten mit seinem sonstigen Vermögen für die in seiner Person entstandenen Verbindlichkeiten[10]. Die Haftung des Gesamtgutes tritt also hier nicht an Stelle der Haftung der bisher haftenden Ehegatten sondern nur zu dieser Haftung noch hinzu. Hinsichtlich derjenigen Verbindlichkeiten der Frau, für welche das Gesamtgut haftet, läßt das Gesetz überdies noch eine persönliche Haftung des Mannes eintreten.

V.

Verschieden von den bisher betrachteten Erscheinungen ist der Fall der Vermögensübernahme nach § 419 BGB. und der des Erbschaftskaufs. Der Vermögensübernehmer tritt nicht durch

---

[9a] Vgl. hierzu die für das eheliche Güterrecht maßgebenden grundsätzlichen Bestimmungen des Schweizer ZGB. in Art. 179, Abs. 3 („Ein nach Eingehung der Ehe abgeschlossener Ehevertrag darf die bisherige Haftung des Vermögens nicht beeinträchtigen") und Art. 188, Abs. 1 („Durch güterrechtliche Auseinandersetzungen oder durch Wechsel des Güterstandes kann ein Vermögen, aus dem bis dahin die Gläubiger eines Ehegatten oder der Gemeinschaft Befriedigung verlangen konnten, dieser Haftung nicht entzogen werden").

[10] Dazu BGB. §§ 1459 ff.

einen Akt in die Rechte des bisherigen Vermögensinhabers ein, sondern erwirbt die zum Vermögen gehörenden Gegenstände nur auf Grund der Vornahme der zu ihrer Einzelübertragung erforderlichen Übertragungsgeschäfte. Ebenso verhält es sich, wenn ein Alleinerbe die Erbschaft, oder wenn ein Teilerbe nach der Auseinandersetzung die ihm bei dieser auf seinen Erbteil zugewiesenen Gegenstände (im ganzen) veräußert. Anders nur im Falle der durch einen Teilerben erfolgenden Veräußerung des Anteils am noch ungeteilten Nachlaß; denn hier erfolgt der Erwerb allerdings einheitlich nach Maßgabe des § 2032 BGB.

Allen genannten Fällen [11] ist aber gemeinsam, daß der Erwerber unbeschadet der fortdauernden (je nach den Umständen verschieden beschaffenen) Haftung des Veräußerers auch für die auf dem veräußerten Vermögen, der veräußerten Erbschaft lastenden Verbindlichkeiten haftet und zwar schon von dem auf die Veräußerung gerichteten schuldrechtlichen Vertrage ab [12]. Die Art der Haftung ergibt sich aus dem § 419 bezw. den §§ 2382, 2383, 2385 BGB.

Im Anschluß hieran mag noch kurz auf den Fall hingewiesen werden, daß in einen nicht rechtsfähigen Verein, für dessen Verbindlichkeiten nach Maßgabe der Satzungen nur das Vereinsvermögen haften soll [13], satzungsgemäß ein neues Mitglied eintritt. Es unterliegt keinem Zweifel und ist auch allgemein anerkannt, daß sich an diesen Eintritt von Rechts wegen der Erwerb eines entsprechenden Anteils am Vereinsvermögen (um den sich die Anteile der übrigen Mitglieder mindern) und damit zugleich die Haftung mit dem erworbenen Anteil für die Vereinsverbindlichkeiten knüpft.

---

[11] Nach § 419 ist in Ansehung der Schuldenhaftung grundsätzlich auch der Fall zu beurteilen, wo auf einen rechtsfähig gewordenen Verein das mit Schulden belastete Vermögen des bisher nicht rechtsfähig gewesenen Vereins übergeht.

[12] Solange und soweit die Übertragung der zum Vermögen gehörenden Gegenstände noch nicht erfolgt ist, wird das Womit der Haftung des Erwerbers durch die diesem gegen den Veräußerer zustehenden Ansprüche gebildet (§ 419 Abs. 2).

[13] Hierzu Knoke in Plancks Komm. I[4], S. 122 f. und die daselbst Zitierten.

VI.

1. Unterzieht man die Gestaltungen, bei welchen hiernach eine Schuldsukzession anzunehmen ist, einer zusammenfassenden Betrachtung, so zeigt sich, daß diese Sukzession überall durch den Übergang des dem Gläubiger haftenden Vermögens des ursprünglichen Schuldners auf den neuen Erwerber vermittelt wird[14]. In den Fällen der normalen erbrechtlichen und der handelsrechtlichen Universalsukzession, sowie in dem Falle der Universalsukzession des Fiskus in das Vermögen einer erloschenen juristischen Person, fällt der bisherige Schuldner völlig weg und erhalten dessen Gläubiger nunmehr den neuen Vermögensherrn zum Schuldner, ohne dadurch in ihrer haftungsrechtlichen Stellung nachteilig berührt zu werden. Daß eine Verschlechterung dieser Stellung auch im Falle der Verstaatlichung einer Aktiengesellschaft nicht in Frage kommt, braucht kaum noch besonders hervorgehoben zu werden. Ein Recht auf getrennte Verwaltung des Vermögens

[14] Nicht hierher gehört der Fall des § 25 HGB., wonach, wer ein unter Lebenden erworbenes Handelsgeschäft unter der bisherigen Firma fortführt, für alle im Betrieb des Geschäftes begründeten Verbindlichkeiten des früheren Inhabers haftet. Diese Bestimmung — und das Gleiche gilt auch für Abs. 3 von § 25 — hat eine Vermögensübertragung im Sinne des § 419 BGB. nicht zur Voraussetzung, beruht auf einem ganz anderen Gedanken und hat auch einen ganz anderen Inhalt und Charakter. Insofern daher unzutreffend v. Gierke, Schuldnachfolge und Haftung, S. 47 bei Anm. 4 und Knoke in Jherings J. 60, S. 419, die hier von einer Schuldsukzession kraft Vermögensnachfolge reden wollen. Obschon im bezeichneten Falle eine Schuldsukzession zu leugnen ist, so haben die Gläubiger des früheren Geschäftsinhabers in Ansehung der Forderungen, für die der neue Geschäftsinhaber haftet, in dessen Konkurse doch dieselben Konkursprivilegien, die sie mit Rücksicht auf die Beschaffenheit ihrer Forderungen im Konkurse des früheren Inhabers haben würden. Der Grund dafür ist, daß die bezüglichen Forderungen als Ansprüche aus einem einheitlichen Geschäftsbetriebe anzusehen sind, ohne Rücksicht darauf, daß in der Person des Inhabers ein Wechsel stattgefunden hat. Ein verwandter Fall ist gegeben, wenn der frühere Inhaber des Handelsgeschäftes nach § 15 HGB. für vom neuen Inhaber des Handelsgewerbes eingegangene Verbindlichkeiten so haftet, wie wenn er Inhaber des Handelsgeschäftes noch geblieben wäre. Trotzdem wird es niemandem einfallen zu sagen, daß der frühere Inhaber in Ansehung der ihn unter der bezeichneten Voraussetzung treffenden Verbindlichkeiten Sukzessor des späteren Inhabers sei.

ihres bisherigen Schuldners haben die Gläubiger hier allerdings nicht. Sie bedürfen dieses Rechtes aber auch gar nicht, denn es gereicht ihnen lediglich zum Vorteil, daß ihnen statt des durch eine bestimmte Zeit abgesondert zu verwaltenden Vermögens der aufgelösten Gesellschaft sofort und unterschiedslos das ganze Vermögen des zur Verstaatlichung schreitenden Gemeinwesens haftet, dessen integrierender Bestandteil jenes Vermögen geworden ist.

2. In den übrigen früher genannten Fällen der Schuldsukzession tritt ein gänzlicher Wegfall des bisherigen Schuldners nicht ein. Obschon dem Nacherben mit dem Falle der Nacherbfolge die Erbschaft anfällt und er damit zugleich in Ansehung der Nachlaßverbindlichkeiten Schuldner wird, so haftet doch der Vorerbe nach dem Zeitpunkt der Nacherbfolge für die Nachlaßverbindlichkeiten noch insoweit, als der Nacherbe für sie nicht haftet und bleibt er daher auch insoweit noch Schuldner (BGB. 2145). Die praktische Bedeutung hiervon zeigt sich insbesondere darin, daß dem Vorerben die zu dessen Nachteil bereits eingetretene schlechthin unbeschränkte Haftung durch den Nacherben nicht abgenommen wird [15], ferner darin, daß der Vorerbe für die Nachlaßverbindlichkeiten jedenfalls noch insoweit haftet, als ihm ungeachtet des Eintrittes der Nacherbfolge noch etwas vom Nachlaß verbleibt.

Bei der allgemeinen Gütergemeinschaft unter Ehegatten bleibt derjenige Ehegatte, welcher einem Gläubiger bisher persönlich haftete, diesem auch nach dem Eintritt der Gütergemeinschaft mit seinem ganzen Vermögen, also auch mit seinem Vorbehaltsvermögen haftbar, und bei der nach Maßgabe des § 419 BGB. erfolgenden Vermögensübernahme bleibt die Haftung des Veräußerers mit den bei ihm zurückbleibenden Gegenständen und mit seinem neuen Erwerbe durch die Haftung des Erwerbers unberührt. Wie in diesen Fällen verhält es sich beim Erbschaftskauf. Denn die

---

[15] Vgl. hierzu und zum folgenden meine Ausführungen bei Planck V [3], Erläuterungen zu § 2145.

Haftung des Erbschaftskäufers tritt nur unbeschadet der fortdauernden Haftung des Erbschaftsverkäufers ein, die je nach den Umständen wieder verschieden gestaltet sein kann. Auch beim Eintritt eines neuen Mitgliedes in einen nicht rechtsfähigen Verein haften die im Verein verbleibenden Mitglieder mit den ihnen noch zukommenden Anteilen am Vereinsvermögen für die Vereinsverbindlichkeiten fort.

Mit dem oben unter I entwickelten Grundgedanken der Schuldsukzession stehen die hier beschriebenen Gestaltungen, bei denen der bisherige Schuldner, obschon er in der Person eines neuen Schuldners einen successor erhält, doch noch immer Schuldner bleibt, nicht in Widerspruch. Auch in diesen Fällen bewährt sich die Schuld im Sinne von Schuldpflicht als ein auf schuldrechtlicher Haftung beruhendes Leistensollen und auch bei ihnen tritt die Schuldsukzession zur Wahrung des Rechtes der Gläubiger ein; denn ohne sie würde den Gläubigern die haftungsrechtliche Anwartschaft in Ansehung des dem bisherigen Schuldner gehörig gewesenen und nun einem neuen Erwerber zu Alleinrecht zukommenden oder zur gesamten Hand mitgehörenden Vermögenskomplexes einfach entzogen werden. Demgemäß geht die Schuldpflicht des bisherigen Vermögensinhabers auf den neuen Erwerber des Vermögenskomplexes insoweit über, als dies im Interesse der vorhandenen Gläubiger geboten ist. Wie die Schuldpflicht des neuen Erwerbers auf der Forthaftung des von ihm erworbenen Vermögenskomplexes beruht, so erklärt sich die fortdauernde Schuldpflicht des früheren Inhabers dieses Vermögenskomplexes daraus, daß dem Gläubiger die ihm bisher zukommende haftungsrechtliche Anwartschaft jedenfalls insoweit erhalten bleiben muß, als sie sich auf dasjenige Vermögen des früheren Inhabers erstreckt, welches dieser behält oder noch erhält.

3. Mit wenigen Worten soll noch die Frage berührt werden, wie die Gläubiger hinsichtlich der Haftung des Nachfolgers mit dem auf ihn übergegangenen Vermögen praktisch gestellt sind.

Im Falle des Eintrittes eines neuen Mitgliedes in einen nicht rechtsfähigen Verein ändert sich unter der weiter oben angegebenen Voraussetzung an der haftungsrechtlichen Stellung des Gläubigers nicht das geringste[16]. Auch bei der Nacherbfolge und beim Erbschaftskauf gilt hinsichtlich der Haftung des auf den Nacherben, den Erbschaftskäufer übergegangenen Nachlasses ganz dasselbe wie vor dem Eintritt der Nacherbfolge, vor dem Erbschaftskauf; nur darauf, daß der Nacherbe, der Erbschaftskäufer den Nachlaßgläubigern möglicherweise auch mit seinem sonstigen Vermögen haftet, mag noch kurz hingewiesen werden[17].

Unsicherer ist die haftungsrechtliche Stellung der Gläubiger im Falle der Vermögensübernahme nach § 419 BGB. Haftet ihnen der Übernehmer auch mit dem übernommenen Vermögen, so kann man doch darüber verschiedener Meinung sein, ob den Gläubigern auch hinreichende Garantien gegen die Gefahr einer sie benachteiligenden Konkurrenz mit den sonstigen Gläubigern des Übernehmers gegeben ist. Ist schon zweifelhaft, ob die in § 419 BGB. bezeichneten Gläubiger zum Antrag auf Eröffnung eines Sonderkonkurses über das übernommene Vermögen berechtigt sind[18], so kann man zur Annahme einer Befugnis dieser Gläubiger zur Einsetzung einer der Nachlaßverwaltung entsprechenden besonderen amtlichen Verwaltung des übernommenen, nicht überschuldeten Vermögens wegen der eben erwähnten Gefahr nur auf Grund sehr freier Rechtsfindung gelangen[19]. Noch bedenklicher muß sich zwar nicht, kann sich aber doch die Stellung der Gläubiger des Mannes bezw. der Frau beim Eintritt der

---

[16] An der Haftung des Vereinsvermögens wird aber auch dann nichts geändert, wenn dem Gläubiger außer diesem auch noch das Vereinsmitglied persönlich haftet. Man hat es dann mit einer ähnlichen Sachlage zu tun wie in dem Falle, wo den Nachlaßgläubigern neben dem abgesonderten Nachlaß auch noch der Erbe persönlich mit seinem Eigenvermögen haftet.

[17] Dazu noch die weiteren Ausführungen auf S. 120 ff.

[18] Siehe Knoke, S. 431 f. Jaeger, KO.[3] § 1 Anm. 64 ff. berührt die Frage nicht.

[19] Ein näheres Eingehen auf die Frage liegt außerhalb der Aufgabe der vorliegenden Abhandlung.

allgemeinen Gütergemeinschaft gestalten. Haftet nämlich für die bisherigen Verbindlichkeiten des Mannes auch das gütergemeinschaftliche Vermögen, so treten mit den Gläubigern aus diesen Verbindlichkeiten doch in Ansehung des Gemeinschaftsvermögens wieder gewisse Gläubiger der Frau (zu denen insbesondere die schon zur Zeit der Vereinbarung der Gütergemeinschaft vorhandenen gehören) in Konkurrenz, und haftet es auch für die bisherigen Verbindlichkeiten der Frau, so treten mit deren in Betracht kommenden Gläubigern alle Gläubiger des Mannes in Konkurrenz. Dessen ungeachtet gereicht aber wie bei der Gütergemeinschaft, so auch bei der Vermögensübernahme nach § 419 BGB. der Eintritt der Schuldsukzession den genannten Gläubigern nicht zum Nachteil, sondern immer zum Vorteil. Denn er sichert diese Gläubiger vor dem vollständigen Verlust der zu ihren Gunsten begründeten haftungsrechtlichen Anwartschaft.

Dritter Abschnitt.

Schuldübernahme.

Erstes Kapitel.

Grundsätzliches.

I.

Es ist eine in der Entwicklung aller Wissenschaften immer wiederkehrende Erscheinung, daß gerade das offen Vorliegende durch lange Zeit völlig unbeachtet bleibt, und daß es daher erst eines starken Anstoßes bedarf, bis man sich des Selbstverständlichen klar bewußt wird. Nur aus dieser Erwägung heraus wird die Windscheid-Gürgens'sche Lehre von der Schuldübernahme überhaupt begreiflich. Da sie für die schuldrechtliche Haftung kein Auge hatte, wurde sie auch nicht gewahr, daß die vermögensrechtliche Haftung des Altschuldners sich im Falle der Schuldübernahme nicht in der Person des Neuschuldners fortsetzt, sondern daß vielmehr jene durch eine rechtsgeschäftlich geschaffene völlig neue Haftung ersetzt wird[1]. Heute kann sich dieser Einsicht freilich niemand mehr verschließen, selbst diejenigen können es nicht, welche an dem Dogma von der bei der Schuldübernahme angeblich eintretender Schuldsukzession noch festhalten zu müssen glauben. Um so fragwürdiger ist, wie man sich diese vermeintliche Schuldsukzession vorstellen und was man sich dabei unter „Schuld" denken soll.

II.

Da die jemand treffende Schuldpflicht auf dessen schuldrechtlicher Haftung beruht, so kann in der rechtsgeschäftlichen Schuldübernahme eine Sukzession des aus einem neuen Haftungsgrunde haftenden Übernehmers in die auf dem früher maßgebend gewesenen Haftungsgrunde beruhende Schuldpflicht des Altschuldners unmöglich gelegen sein. Da ferner das der Schuldpflicht gegenüberstehende Forderungsrecht aus der Haftung des Schuldners entspringt, muß das Recht des Gläubigers aus der neuen Haftung notwendig ein anderes[2] sein als das Recht, welches er früher gegenüber dem Altschuldner aus dessen nunmehr weggefallener Haftung hatte.

Es ist mir erfreulich, mich hierfür jetzt auch auf bemerkenswerte Ausführungen von Tuhrs[3] berufen zu können. Obschon

---

[1] Anderenfalls hätte Windscheid (Krit. Überschau I, S. 43, Actio, S. 203, 204) unmöglich aussprechen können, daß die „obligatorische Herrschaft" des Gläubigers, „der rechtliche Gehalt des Forderungsrechts" durch die Schuldübernahme nicht die geringste Änderung erfahre.

[2] Dies wird jetzt auch von Hellmann, S. 516 f. zugegeben. Wenn er trotzdem an der Sukzessionstheorie bei der Schuldübernahme festhält, so stellt er sich dadurch in Widerspruch zu der von Windscheid (vgl. die Anm. 1) gegebenen Begründung und nicht minder in Widerspruch zu dem von der allgemeinen Lehre aufgestellten Sukzessionsbegriff (vgl. besonders Windscheid, Pandekten I § 64 Anm. 1 und dazu weiter unten S. 127) sowie zu dem von den Vertretern der Sukzessionstheorie (soweit sie sich nicht zur neuen Lehre v. Gierkes bekennen) aufgestellten Satze, daß die Schuldübernahme bezüglich der nach vis ac potestas sich gleich bleibenden Forderung (siehe Knoke, S. 412: „Identität der Forderung") nur eine Änderung inbetreff der Person des Passivlegitimierten bewirke. Sachlich ist die Sukzessionstheorie hiermit bereits aufgehoben.

[3] A. a. O. S. 227 ff., 269 ff.

seine Formulierung des Verhältnisses von Schuldpflicht und Haftung von der hier vertretenen abweicht[4], so steht seine sonstige Auffassung der meinigen doch sehr nahe, und gelangt er zu verwandten Lösungen. So hält insbesondere auch v. Tuhr es für geboten, bei der Frage, ob es eine Sukzession in schuldrechtliche Verpflichtungen gibt, in Übereinstimmung mit mir zu unterscheiden: zwischen derjenigen Gruppe von Fällen, in denen anstatt des bisherigen Schuldners oder neben diesem ein anderer lediglich deswegen schuldrechtlich haftet, weil auf ihn das dem Gläubiger nach wie vor haftende Vermögen oder doch ein bestimmter Vermögenskomplex übergegangen ist, und dem Falle der rechtsgeschäftlichen Schuldübernahme. Wie ich, leugnet für diesen Fall auch v. Tuhr das Vorliegen einer Sukzession in die Schuldpflicht des Altschuldners, betrachtet auch er den gegen den Übernehmer sich richtenden Anspruch des Gläubigers als einen durch den Schuldübernahmevertrag neu begründeten[5] und schreibt er der Schuldübernahme in Ansehung dieser Wirkung gegenüber dem Übernehmer den Charakter eines Verpflichtungsvertrags zu.

Für die Annahme eines in der Schuldübernahme enthaltenen Verpflichtungsvertrags entscheiden sich jetzt aber auch manche Schriftsteller, die als Anhänger der Sukzessionstheorie auftreten. In der 6. Auflage seines bekannten Lehrbuchs des bürgerlichen Rechts bezeichnet Cosack I S. 459 in offenbarer Anknüpfung an meine Darlegungen in DJZ. 1909 S. 1131 ff. und in meiner

---

[4] Siehe hierüber oben S. 25 ff.

[5] Gegen die Sukzessionstheorie bei der Schuldübernahme haben sich in jüngster Zeit außer v. Tuhr auch noch erklärt: Krückmann in Iherings J. 59, S. 31, 40 Anm. 1; Jaeger, KO.[3] Anm. 9 zu § 61; Pacchioni, La successione singolare nei debiti (1911, Sonderabdruck aus Rivista di diritto commerciale IX), p. 5—7, derselbe Verfasser in seinem Buche: Concetto e origini dell' Obligatio Romana (1911) p. 36 und wiederum derselbe Verfasser in: La successione singolare nei debiti (1913, Sonderabdruck aus Rivista di diritto commerciale XI), wesentlich gegen Knoke gerichtet; Wenger in Goldschmidts Z. 70, S. 560; Partsch ebendaselbst 74, S. 183 ff.; Weiskopf, Der Begriff der Rechtsnachfolge in der ZPO. (1913), S. 55.

Schuldübernahme[6], die Schuldübernahme als einen Vertrag, der nicht nur Verfügungs-[7], sondern insoweit, als nunmehr der Neuschuldner dem Gläubiger verpflichtet werden soll, auch Verpflichtungsgeschäft ist. Nichts destoweniger gilt ihm die Schuld des Übernehmers nicht als eine neue, sondern als dieselbe „Schuld", die bisher den Altschuldner belastete[8]. Für Hellmann[9], der sich mit leidenschaftlichem Eifer für die Sukzessionstheorie einsetzt, steht doch zugleich auch die Rechtsnatur der Schuldübernahme als Verpflichtungsgeschäft außer jedem Zweifel. Aber auch O. v. Gierke stimmt mir darin, daß die Schuldübernahme ein Verpflichtungsgeschäft in sich schließt, durchaus bei und er gibt mir nicht minder zu, daß ein Eintritt des Übernehmers in die causa, aus welcher der Altschuldner schuldete, nicht Platz greift[10].

Die angeführten Äußerungen sind überaus bezeichnend. Sie

---

[6] Siehe besonders S. 237/7, 251 f./21 f.

[7] Darüber, daß in der Schuldübernahme wie in der Novation mit Schuldnerwechsel insofern eine Verfügung des Gläubigers gelegen ist, als dieser seinen bisherigen Schuldner frei gibt (vgl. in jüngster Zeit auch Reichel, Schuldmitübernahme, S. 4), ist man bisher einig gewesen. Der jetzt von Hellmann, S. 494 erhobene Widerspruch (wonach Schuldübernahme und Novation reine Verpflichtungsverträge sein sollen, jedoch unter der condicio iuris, daß der bisherige Schuldner durch einseitigen Akt des Gläubigers befreit werde) beruht auf offenbarer Verkennung des Wesens der condicio iuris und ist nicht geeignet, auf irgend jemand Eindruck zu machen. Hellmann würde mit seinem Widerspruch sicherlich zurückgehalten haben, wenn er sich das Verhältnis der privativen Schuldübernahme zur kumulativen und das Verhältnis der Novation zum Falle der l. 8 § 5 D. de nov. 46, 2 und l. 3 pr. D. de duobus reis constit. 45, 2 vor Augen gehalten hätte.

[8] Unter „Schuld" scheint jedoch Cosack hierbei nicht die Schuldpflicht im Sinne dieser Abhandlung, sondern lediglich das Wofür der Haftung zu verstehen. Hierfür spricht, daß nach Cosack, S. 334, zum Wesen des Forderungsrechts ein Anspruch gehört, daß dieser aber auf der Haftung beruht und daß daher auch der auf der neuen Haftung und der ihr entsprechenden Schuldpflicht des Übernehmers beruhende Anspruch des Gläubigers mit dessen auf der früheren Haftung des Altschuldners beruhendem Anspruch auch nach Cosacks Ansicht nicht identisch sein kann.

[9] A. a. O. S. 499.

[10] Schuldnachfolge und Haftung, S. 50, dazu noch S. 49 Anm. 3.

stellen außer Zweifel, daß die ältere Theorie von der Schuldübernahme selbst von denjenigen nicht mehr festgehalten wird, die ihr zu folgen scheinen. Die älteren Schuldsukzessionstheoretiker hatten es strenge vermieden, die Schuldübernahme als einen Verpflichtungsvertrag zu bezeichnen. Sie schrieben ihr vielmehr die rechtliche Natur eines Veräußerungsvertrags, d. h. eines reinen Verfügungsvertrages zu, durch den die Schuld aus dem Passivvermögen des Altschuldners in das Passivvermögen des Neuschuldners „übertragen" wurde [11]. Und aus dieser Auffassung heraus war man zur Aufstellung der Formeln gelangt, die Schuldübernahme schaffe zwar einen neuen Schuldner aber keinen neuen Schuldgrund, die Schuld habe vielmehr nach ihrem Übergang auf den Übernehmer ihre Wurzel in demselben Boden, aus dem sie in der Person des Altschuldners herausgewachsen ist, und was bei der Schuldübernahme an neuen Tatsachen hinzukomme, betreffe lediglich die Passivlegitimation [12] des wegen der Schuld zu Verklagenden.

Alles dies wird durch das Zugeständnis eines in der Schuldübernahme notwendig enthaltenen Verpflichtungsvertrags restlos aufgegeben. Über das Wesen des Verpflichtungsvertrags besteht keine Meinungsverschiedenheit. Er ist ein Vertrag, durch den zu Lasten einer Person eine schuldrechtliche Verpflichtung (Schuldpflicht) oder, wie man auch sagen kann, eine schuldrechtliche Haftung für ein bestimmtes gläubigerisches Bekommensollen begründet wird [13]. Auch darüber ist man allgemein einig, daß dasjenige Moment, durch welches eine Obligation (im Sinne von schuldrechtlicher Verpflichtung) individualisiert, d. h. von einer anderen unterschieden wird, nicht allein in dem Inhalt der geschuldeten Leistung besteht, sondern vielmehr auch durch ihren

[11] Nachweisungen in meiner Schuldübernahme, S. 236/6, 252 f./22.

[12] So insbesondere Regelsberger im ZivArch. 67, 32 und in gleichem Sinne viele andere Schriftsteller. Dieser bisherige Stand der Literatur wird von Hellmann völlig ignoriert.

[13] Siehe auch v. Tuhr, S. 229 Anm. 34.

Entstehungsgrund gegeben ist[14]. Da nun der Entstehungsgrund der Schuldpflicht des Altschuldners in dem in der Schuldübernahme enthaltenen Verpflichtungsvertrag gewiß nicht gelegen ist, so hat die Schuldpflicht des Neuschuldners und damit zugleich auch das Forderungsrecht des Gläubigers gegen diesen in der Schuldübernahme einen von dem Entstehungsgrund, auf welchem die Schuldpflicht des Altschuldners beruhte, verschiedenen Entstehungsgrund und hebt sie sich gerade dadurch von der Obligation des Altschuldners ab. Wahr bleibt daher auch, daß — wie ich bereits in meiner Schuldübernahme[15] ausgeführt habe — die ursprüngliche causa, zufolge deren der Altschuldner bisher schuldete und haftete, für den Übernehmer nur insoweit von Bedeutung ist, als sich nach ihr dasjenige bestimmt, worauf er verpflichtet ist und wofür er zu haften hat. Ich lege Wert darauf festzustellen, daß O. v. Gierke[16] auch bezüglich dieses Punktes sein volles Einverständnis erklärt.

Wenn die genannten Schriftsteller die Annahme einer bei der Schuldübernahme sich vollziehenden Sukzession des Neuschuldners in die Schuld des Altschuldners trotzdem festhalten, so kann die Erklärnng hierfür nur darin gefunden werden, daß sie unter „Schuld" nicht die Schuldpflicht (Verbindlichkeit, Obligation) verstehen, sondern, wie es scheint, lediglich dasjenige, wofür dem Gläubiger gehaftet wird und was dieser kraft des Schuldverhältnisses bekommen soll. Darauf weist besonders hin, daß O. v. Gierke[17] und mit ihm auch einige andere[18] eine Schuldsukzession auch schon in den Fällen der sogenannten kumulativen Schuldübernahme für gegeben erachten.

---

[14] Windscheid, Pandekten I, § 64 Anm. 6; Mitteis, Die Individualisierung der Obligation (1886), S. 6, 49.

[15] S. 388/158.

[16] Schuldnachfolge und Haftung, S. 49 Anm. 3; anders freilich Knoke S. 454; dazu aber die Ausführungen S. 139 ff. dieser Abhandlung.

[17] A. a. O. S. 50 ff.

[18] Sie werden in den folgenden Ausführungen genannt.

III.

Der Gedanke, daß sich im Wege der Schuldübernahme auch eine vervielfältigende Schuldsukzession entwickeln könne, war — soweit ich sehe — zuerst von B. Delbrück[19] ausgesprochen worden. Nach dessen bekannter Auffassung konnte nämlich eine Schuldübernahme überhaupt nur zwischen dem Altschuldner und dem Übernehmer vereinbart werden und sollte der Gläubiger auf Grund dieser Vereinbarung unbeschadet der Fortdauer seines Anspruchs gegen den Altschuldner sofort auch den Anspruch gegen den Übernehmer erwerben. Demgemäß mußte jede Schuldübernahme zunächst dazu führen, daß der Gläubiger an Stelle eines Schuldners zwei Schuldner erhielt, und bedurfte es zum Freiwerden des Altschuldners regelmäßig erst noch der Entlassung des Altschuldners durch den Gläubiger. Die Sukzession des Übernehmers, zwar nicht in die Obligation, aber doch in die „Schuld" des Altschuldners erblickte aber Delbrück[20] schon darin, daß die Schuld als Vermögensstück unter Lebenden auf einen anderen „übertragen" wird. Obschon es an gewissen Anklängen an Delbrück'sche Formeln bei einigen Neueren[21] nicht fehlt, so hat doch dieser Teil seiner Lehre keinen Beifall gefunden.

Für den Fall einer zwischen dem Gläubiger und dem

---

[19] Übernahme fremder Schulden, S. 18, 70 ff., 119 ff.

[20] Siehe a. a. O. besonders S. 119 ff.

[21] Zu ihnen gehört besonders v. Gierke; vgl. dessen Schuldnachfolge und Haftung, S. 54 Anm. 1, wo er das Wesen der Schuldübernahme in der zwischen dem Altschuldner und dem Neuschuldner vereinbarten „Veräußerung der Schuld" erblickt, die aber zu ihrer vollen Wirksamkeit freilich noch der Genehmigung des Gläubigers bedarf. Von diesem Standpunkte aus erscheint dann freilich die im § 414 BGB. ausgesprochene Anerkennung einer direkt zwischen dem Gläubiger und dem Neuschuldner vereinbarten Schuldübernahme als eine schwer begreifliche Anomalie. Gegen v. Gierke neuestens Wellspacher, Gutachten für den 31. deutschen Juristentag S. 377: „Was die Schuldübernahme selbst anbelangt, so haben die neueren Untersuchungen über dieses Rechtsinstitut doch das eine mit Sicherheit herausgestellt, daß der Ausgangspunkt der ganzen Lehre in dem Vertrage zwischen dem Übernehmer und dem Gläubiger gelegen ist."

Übernehmer vereinbarten kumulativen Schuldübernahme[22] — das ist für einen ganz anderen als den von Delbrück bezeichneten Fall — ist dann wieder Hellwig[23] zur Annahme einer vervielfältigenden Schuldsukzession gelangt. Ungeachtet des hiergegen von Romeick[24] und Reichel[25] — und neuestens auch von Lippmann[26] — erhobenen lebhaften Widerspruchs schließen sich jetzt O. v. Gierke[27] und Knoke[28] der Konstruktion Hellwigs an. Eine wirkliche Begründung für diese schon von vornherein wenig einleuchtende Auffassung gibt jedoch keiner der genannten Schriftsteller.

Die Möglichkeit einer vervielfältigenden Schuldsukzession ist zwar oben S. 55 ff. zugestanden worden. Von den hierbei hervorgehobenen Fällen ist jedoch der Fall der kumulativen Schuldübernahme grundverschieden. Bei jenen tritt die vervielfältigende Schuldsukzession ein, ohne daß zwischen dem Schuldsukzessor und dem Gläubiger ein neues Verpflichtungsgeschäft abgeschlossen worden ist. Bei der kumulativen Schuldübernahme verpflichtet

[22] Dazu Reichel, Schuldmitübernahme (1909). Der von diesem Schriftsteller zur Bezeichnung der kumulativen Schuldübernahme hiermit angenommene Ausdruck war zuerst von v. Gierke in Verwendung gebracht worden (vgl. dessen Darstellung der Grundzüge des deutschen Privatrechts in Kohlers Enzyklopädie der Rechtswissenschaft, 1. Auflage der Neubearbeitung, I, S. 523). Begreiflich genug daher, daß v. Gierke die Angemessenheit des Ausdrucks in seiner Schuldnachfolge und Haftung, S. 38 Anm. 2 gegen die in meiner Schuldübernahme, S. 234/4 Anm. 2a erhobenen Bedenken zu verteidigen sucht. Diese müssen aber aufrechterhalten werden. Denn von einer Mitübernahme kann richtigerweise nur dort die Rede sein, wo mehrere übernehmen, ebenso wie man von Mitarbeit, Mitwirkung, Miturheberschaft, Mitbürgschaft nur redet, wenn mehrere nebeneinander tätig werden, wirken, Urheber sind, sich verbürgen. Für richtiger als den Ausdruck Schuldmitübernahme würde ich die Bezeichnung Anschluß-Schuldübernahme im Gegensatz zu der als Ersatz-Schuldübernahme zu bezeichnenden privativen Schuldübernahme halten.

[23] Die Verträge auf Leistung an Dritte (1899), S. 176.

[24] Zur Technik des BGB., Heft 3 (1904) S. 88.

[25] Schuldmitübernahme, S. 535.

[26] ZivArch. 107 S. 62 ff.

[27] Schuldnachfolge und Haftung, S. 37 ff.

[28] S. 419.

sich dagegen der Übernehmer durch Vertrag mit dem Gläubiger zur Leistung desjenigen, was der forthaftende Altschuldner dem Gläubiger schuldet. Dort trifft den successor die Schuldpflicht, weil er vom Altschuldner Vermögen übernommen hat, das durch den Übernahmevorgang den Gläubigern des Altschuldners gegenüber nicht haftungsfrei geworden ist, hier setzt dagegen in der Person des Übernehmenden eine neue Haftung ein. Dort wirkt der ursprüngliche Schuld- und Haftungsgrund in der Person des Schuldsukzessors fort, hier wird für den Übernehmer durch den auf kumulative Schuldübernahme gerichteten Vertrag ein neuer Schuld- und Haftungsgrund geschaffen. Dort spaltet sich das Recht des Gläubigers gegen den Schuldsukzessor aus dem Rechte ab, das ihm gegenüber dem bisherigen Schuldner zustand, hier erhält der Gläubiger gegen den Übernehmer ein neues Recht auf durchaus neuer Grundlage.

Worauf will sich die Annahme einer bei der kumulativen Schuldübernahme eintretenden Schuldsukzession aber dann noch stützen? Doch wohl nur darauf, daß die Leistungspflicht des Übernehmers inhaltlich auf dasselbe geht wie die Leistungspflicht des forthaftenden bisherigen Alleinschuldners oder mit anderen Worten, daß jener für dasselbe haftet wie dieser. Verwendet man also den mehrdeutigen Ausdruck „Schuld" als Bezeichnung für das Wofür der schuldrechtlichen Haftung — und gegen diesen Sprachgebrauch ist, dafern man sich nur der ihr zugrunde liegenden Voraussetzung immer bewußt bleibt, nichts einzuwenden [29] — so darf man allerdings sagen, die Schuld des eine Schuld kumulativ Übernehmenden sei mit der Schuld des in seinem bisherigen Schuldverhältnis verbleibenden Altschuldners identisch. Im gleichen Sinne pflegt man ja auch mit Bezug auf schon von vornherein solidarische Verbindlichkeiten zu sagen, daß dem Gläubiger von jedem der Gesamtschuldner dasselbe nur einmal zu Leistende geschuldet werde [30]. Für die Anwendbarkeit der Suk-

[29] Weiteres hierüber unten S. 97 ff.

[30] Da für den Gläubiger hiernach praktisch nur eine Aktivpost vorhanden ist, ist man — indem man dabei unter Schuld das Wofür der

zessionstheorie auf die kumulative Schuldübernahme ist aber hiermit nichts gewonnen.

Das Vorkommen von Verträgen, zufolge deren ein Gläubiger in Ansehung derselben, ihm nur einmal gebührenden Leistung neben dem ursprünglichen Schuldner noch einen weiteren Schuldner erhalten soll, ist eine allbekannte Erscheinung, die uns wie im gemeinen Recht und in den modernen Gesetzgebungen, so auch schon in den antiken Rechten und im älteren germanischen Recht begegnet.

Bei der römischen Stipulationsbürgschaft versprach der sponsor, fidepromissor, fideiussor ausdrücklich dasselbe (idem), was der Hauptschuldner schuldet[31]. Trotzdem ist weder den Römern noch den Modernen eingefallen, hierin eine vervielfältigende Schuldsukzession zu erblicken. Nun ist es freilich richtig, daß die Verbürgung, selbst in der Gestalt, in welcher sie uns bei der römischen Stipulationsbürgschaft entgegen tritt, von der kumulativen Schuldübernahme wesentlich verschieden ist. Denn die Verpflichtung des spezifischen Bürgen ist von dem Bestande der Verpflichtung des Hauptschuldners derart abhängig, daß sie mit dem Wegfall dieser grundsätzlich erlischt, während im Falle der kumulativen Schuldübernahme die Verpflichtung des Übernehmers die Verpflichtung des zunächst forthaftenden bisherigen Schuldners zu überdauern vermag[32]. Es ist daher wohl begreiflich, daß die vorhin genannten Schriftsteller auf die Durchführung ihrer Theorie von der vervielfältigenden Schuldsukzession bei der Verbürgung verzichten.

---

schuldrechtlichen Haftung versteht — auch gewohnt, von einer Gesamtschuld zu sprechen. Trotzdem ist die heutige Doktrin darüber klar, daß in den Fällen der gesamtschuldnerischen Haftung so viele Schuldpflichten und ihnen gegenüberstehende Forderungsrechte vorliegen, als Gesamtschuldner vorhanden sind. Vgl. v. Amira I § 25, Binder, Die Korrealobligationen im römischen und im heutigen Recht (1899), S. 49, 393, v. Tuhr, S. 88 bei Anm. 31.

[31] Bezüglich der sponsio und fidepromissio vgl. übrigens Czyhlarz in Grünhuts Z. III, S. 115.

[32] Hierüber besteht keine Meinungsverschiedenheit.

Dem römischen Rechte war aber auch unsere kumulative Schuldübernahme nicht fremd. Sie erfolgte mittelst des constitutum debiti alieni[33] oder, sofern die ursprüngliche Schuld eine Stipulationsschuld war, auch so, daß sich der Gläubiger dasselbe nur einmal zu Leistende von einem anderen als dem ursprünglichen Schuldner neuerdings derart promittieren ließ, ut duo rei constituantur: necque ulla novatio fiet[34]. Auch in diesen Vorgängen ist bisher noch niemals eine Schuldsukzession gesucht und gefunden worden, ohne daß deren Verständnis dadurch auch nur im geringsten beeinträchtigt worden wäre.

Im germanischen Recht scheint der Erfolg der kumulativen Schuldübernahme zunächst im Wege eines zwischen dem Kumulativ-Übernehmer und dem Schuldner zugunsten des Gläubigers geschlossenen Vertrags erreicht worden zu sein, laut dessen der Übernehmer dem Schuldner versprach, den Gläubiger zu befriedigen und demzufolge der Gläubiger unbeschadet der fortdauernden Haftung des bisherigen Schuldners einen direkten Anspruch gegen den Übernehmer erlangte[35]. Im Gegensatz zu Delbrück nimmt hier selbst v. Gierke[36] eine vervielfältigende Schuldsukzession nicht an.

Es wird aber nicht zu bezweifeln sein, daß der eben bezeichnete Erfolg im mittelalterlichen deutschen Recht auch durch Vertrag des Übernehmers mit dem Gläubiger herbeigeführt werden konnte[37]. Die Rezeption des römischen Rechts schuf hierin keine Änderung. Der auf kumulative Schuldübernahme gerichtete Vertrag fiel jetzt zwanglos unter das constitutum debiti alieni und wurde auch in Theorie und Praxis unter diesem Gesichtspunkt anerkannt. An eine vervielfältigende Schuldsukzession hat dabei niemand gedacht,

---

[33] Dazu Bruns in Z. f. Rechtsgesch. I, S. 28 ff.

[34] Vgl. l. 3 pr. D. de duobus reis constit. 45, 2.

[35] Dazu Delbrück, S. 57, 70.

[36] Schuldnachfolge und Haftung, S. 38 Anm. 4 und S. 52 Anm. 3 a. E.

[37] Ich entnehme dies aus dem von Herrn Kollegen Planitz in Basel gesammelten Urkundenmaterial, dessen Einsichtnahme er mir freundlich gestattet hat, insbesondere aus Urkunden aus dem 14. Jahrhundert.

auch Delbrück nicht, der vielmehr die Annahme einer solchen ausdrücklich zurückweist[38].

Und nun soll sich das auf einmal ganz anders verhalten und die Schuldsukzessionskonstruktion gerade dort, nämlich bei der zwischen Gläubiger und Übernehmer vereinbarten kumulativen Schuldübernahme unentbehrlich sein, wo man sie bisher nicht nur für entbehrlich, sondern sogar für unmöglich gehalten hat. Ein sachlicher Grund für diese Haltung ist nicht erfindlich. Was durch eine neu erfundene Konstruktion erklärt werden soll, ist ohne sie leicht verständlich und vor eine Rätselfrage wird man erst durch die Konstruktion selbst gestellt.

Die Bestimmung des Inhalts eines Schuldverhältnisses hängt innerhalb der vom Gesetz gezogenen Grenzen von der Autonomie der Parteien ab. Kraft dieser Autonomie können die Parteien auch bestimmen, daß der Inhalt einer einzugehenden Verpflichtung einem zwischen dem Gläubiger und einem anderen Schuldner bereits bestehenden Schuldverhältnis mit der Maßgabe entnommen werden soll, daß der Gläubiger die ihm sowohl von dem alten als auch von dem hinzugetretenen neuen Schuldner geschuldete Leistung nur einmal erhalten soll. Selbstverständlich daher, daß der kumulativ Übernehmende nur nach Maßgabe des von ihm eingegangenen Verpflichtungsvertrags haftet und schuldet.

Daß durch einen wirksamen Verpflichtungsvertrag eine schuldrechtliche Verpflichtung begründet wird, vermag auch O. v. Gierke nicht zu bestreiten; er glaubt jedoch seinen theoretischen Standpunkt sowohl bezüglich der privativen als auch bezüglich der kumulativen Schuldübernahme durch die Beifügung aufrecht erhalten zu können, daß das vom Übernehmer eingegangene Verpflichtungsgeschäft nicht der alleinige und selbständige Haftungsgrund sei. „Haftungsgrund ist vielmehr — so ruft er aus[39] — das Schuldnerwerden." Der Sinn dieser ziemlich

[38] A. a. O. S. 29 bei Anm. 41.

[39] Schuldnachfolge und Haftung, S. 50 Anm. 2.

formelhaften Wendung dürfte — soweit sie für die kumulative Schuldübernahme in Betracht kommt — sein, daß der Übernehmer infolge des abgeschlossenen Verpflichtungsvertrags nicht bloßer Hafter für eine fremde Schuld, sondern neben dem bisherigen Schuldner Selbstschuldner werde und als solcher dann natürlich hafte. Hieran ist zweifellos soviel richtig, daß sich die Schuldpflicht des eine Schuld kumulativ Übernehmenden — obschon auch er (in derselben Weise wie es bei demjenigen möglich ist, welcher schon von vornherein eine gesamtschuldnerische Haftung auf sich nimmt) einen Interzessionszweck verfolgen kann[40] — in dem bereits früher bezeichneten Punkte von dem Einstehen für eine fremde Schuld unterscheidet. In diesem Sinne ist der kumulativ Übernehmende daher Selbstschuldner im Gegensatz zum Bürgen[41].

Belanglos ist dagegen, was O. v. Gierke über den Grund der schuldrechtlichen Haftung des eine Schuld kumulativ Übernehmenden ausführt. Das Verhältnis der Schuldpflicht zur schuldrechtlichen Haftung ist, wie bereits auf S. 17 ff. dieser Abhandlung dargelegt wurde, so beschaffen, daß die eine ohne die andere nicht vorhanden sein kann. Es ist daher auch durchaus gleichgültig, ob man die Wirkung des vom kumulativ Übernehmenden geschlossenen Verpflichtungsvertrags dahin bestimmt, daß der Übernehmer den Inhalt der schuldrechtlichen Verpflichtung des ursprünglichen Schuldners gesamtschuldnerisch auf sich nimmt, oder daß er für das vom ursprünglichen Schuldner Geschuldete wie ein Gesamtschuldner haftet. Denn wer gesamtschuldnerisch verpflichtet ist, haftet als Gesamtschuldner und wer gesamt-

---

[40] In diesem Punkte besteht zwischen dem römischen und germanischen Recht einerseits und dem heutigen Recht andererseits nicht der geringste Unterschied.

[41] Nicht zutreffend ist es, wenn v. Tuhr, S. 131 Anm. 36 das Wesen der kumulativen Schuldübernahme dahin bestimmen zu können glaubt, daß der kumulativ Übernehmende im Gegensatz zum Bürgen „in das ganze Schuldverhältnis" eintritt. Wer eine fällige Alimentenleistung oder Mietzinsschuld kumulativ übernimmt, tritt dadurch doch nicht „in das Rechtsverhältnis der Unterhaltspflicht" überhaupt bezw. in das Mietverhältnis ein.

schuldnerisch haftet, ist als Gesamtschuldner verpflichtet. Haftungsgrund ist also für den eine Schuld kumulativ Übernehmenden doch nur der von ihm mit dem Gläubiger geschlossene Verpflichtungsvertrag und nicht das „Schuldnerwerden" des Übernehmers. Dieses „Schuldnerwerden" ist nicht ein Tatbestand, an den sich die schuldrechtliche Haftung als Rechtsfolge knüpft, sondern es ist selbst nur Rechtsfolge des Verpflichtungsvertrages, deren Vorhandensein durch das gleichzeitige Dasein einer entsprechenden schuldrechtlichen Haftung rechtlich bedingt ist.

Eine Unterstützung für seine Auffassung glaubt v. Gierke[42] darin finden zu können, daß die kumulative Schuldübernahme, obschon sie die Haftung nur verstärkt, die Schuld des bisherigen Schuldners durch den Übergang auf einen Mitschuldner in rechtlich relevanter Weise verändert. Er bemerkt in dieser Beziehung insbesondere: „So muß sich der Gläubiger die Aufrechnung durch den neuen Mitschuldner gefallen lassen (BGB. § 422), gerät durch Verzug ihm gegenüber auch dem alten Schuldner gegenüber in Verzug (BGB. § 424) und kann auch dann, wenn es sich um eine persönliche Leistung handelt, die Leistung durch den Mitschuldner nicht ablehnen."

Der zuletzt erwähnte Punkt soll zuerst erörtert werden. Schuldet A dem G eine persönliche (nicht vertretbare) Leistung, so ist eine kumulative Schuldübernahme in dem Sinne, daß die Verpflichtung des Übernehmers B denselben Inhalt haben könnte, wie die des A und daher auch eine vervielfältigende Schuldsukzession im Sinne v. Gierkes gar nicht möglich. Denkbar ist aber neben verschiedenen anderen Kombinationen insbesondere auch die, daß B durch Vertrag mit dem Gläubiger sich ausbedingt, diesem anstatt der von A geschuldeten Leistung eine andere Leistung erbringen und den A hierdurch befreien zu können. Ohne Zweifel kann hier der Gläubiger die ihm von B angebotene andere Leistung nicht ablehnen, ohne dem A gegenüber

---

[42] Schuldnachfolge und Haftung, S. 52 bei und in Anm. 3.

in Empfangsverzug zu kommen. Ein Anhaltspunkt für die Annahme einer durch kumulative Schuldübernahme angeblich herbeigeführten vervielfältigenden Schuldsukzession kann aber hierin um so weniger gefunden werden, als der B zur Leistung, welche der Gläubiger als eine den A befreiende anzunehmen gehalten ist, nicht einmal verpflichtet ist[43]. Hiermit ist übrigens nicht nur dem in der Ausführung v. Gierkes zuletzt erwähnten Punkte, sondern auch schon der daselbst an zweiter Stelle geltend gemachten Erwägung jede Beweiskraft genommen. Auf diese wird jedoch im Zusammenhang mit dem, was über die dem kumulativ Übernehmenden dem Gläubiger gegenüber unter Umständen zukommende Aufrechnungsmöglichkeit zu sagen ist, noch zurückzukommen sein.

Es liegt in der Natur der Sache, daß der dem Gläubiger gegenüber in der Aufrechnungslage sich befindende Kumulativ-Übernehmer grundsätzlich auch gegen dessen Willen aufrechnen kann[44]. Als Symptom für das Vorliegen einer vervielfältigenden Schuldsukzession läßt sich aber auch diese Erscheinung nicht deuten. Denn sie begegnet uns in völlig gleicher Weise auch in nicht wenigen anderen Fällen, wo der Gedanke einer vervielfältigenden Schuldsukzession schon a limine abzuweisen ist. So kann, dafern nur die Aufrechnungslage gegeben ist, auch der Bürge, dessen Haftung der Gläubiger festhalten will[45], eine ihm gegen diesen zustehende Forderung aufrechnen und dadurch dieselbe Wirkung herbeiführen, wie wenn er an den Gläubiger geleistet hätte. Die gleiche Möglichkeit ist unter der Voraussetzung, daß das in § 333 BGB. be-

---

[43] Es liegt im Wesen einer Vereinbarung der im Texte erwähnten Art, daß aus ihr dem Gläubiger kein Recht auf die Bewirkung der Leistung erwächst.

[44] Vgl. aber doch auch Langheineken, Der verhaltene Anspruch in der Festschrift für v. Brünneck, S. 27—56, besonders S. 37, 38, dessen Ausführungen hier nicht gewürdigt werden können.

[45] Ohne diese Beschränkung hat das Reichsgericht die Aufrechnung zugelassen in der bekannten Entscheidung 53, S. 403 ff. Meine Bedenken hiergegen werden an anderer Stelle entwickelt werden. Vgl. zur Frage vorläufig Langheineken a. a. O. S. 49 ff.

stimmte Zurückweisungsrecht nicht mehr in Frage kommt[46], auch demjenigen gegeben, welcher sich seinem Vertragsgenossen gegenüber zur Befriedigung eines Gläubigers desselben mit der Maßgabe verpflichtet hat, daß aus dem Vertrag auch ein direkter Anspruch des Gläubigers gegen den Verpflichteten erwachsen soll. Daß eine Schuldsukzession in den eben genannten Fällen nicht angenommen werden kann, gibt v. Gierke ausdrücklich zu[47]. Selbst vom Standpunkt seiner Lehre ist ferner für gewiß zu halten, daß mit der vervielfältigenden Schuldsukzession nicht operiert werden kann, wenn, nachdem sich A für eine bestimmte Hauptschuld verbürgt hatte, B sich für dieselbe Hauptschuld verbürgt[48]. Dasselbe muß gelten, wenn jemand dem Gläubiger nicht die Leistung desjenigen verspricht, was dieser bereits einem anderen schuldet, sondern sich schlechthin nach den für Gesamtschuldverhältnisse maßgebenden Grundsätzen auf dasjenige verpflichtet, was ein anderer dem Gläubiger schon vorher versprochen hatte[49]. Die Möglichkeit der Annahme einer vervielfältigenden Schuldsukzession entfällt in den eben genannten Fällen schon deswegen, weil es für die Entstehung der Verpflichtung des zweiten Bürgen, des zweiten correus ganz gleichgültig ist, ob aus dem vorangegangenen Vertrag des ersten Bürgen, des ersten correus eine wirksame Verpflichtung für diesen überhaupt entstanden war. Bestehen aber die Verpflichtungen beider Bürgen, beider correi zu Recht, so muß sich der Gläubiger bei Vorhandensein der Aufrechnungslage die vom zweiten Bürgen, zweiten correus vorgenommene Aufrechnung mit der Wirkung gefallen lassen, daß dadurch auch der erste Bürge, der erste correus dem Gläubiger gegenüber frei wird. Es mag schließlich noch erwähnt werden,

---

[46] Dazu Kleinecke, Schuldübernahme, Erfüllungsübernahme und Vertrag auf Leistung an den Drittgläubiger (1907), S. 20 und Reichel a. a. O. S. 148.

[47] A. a. O. S. 52 Anm. 3. Daß die im Texte erwähnte Aufrechnungsmöglichkeit gegeben ist, vermag aber v. Gierke nicht in Abrede zu stellen.

[48] BGB. § 769.

[49] Hierzu Czyhlarz a. a. O. (vgl. Anm. 31).

daß der Gläubiger, wenn ihm zur Sicherung seiner Forderung von einem Dritten ein Pfand oder eine Hypothek bestellt ist, sich nach Maßgabe der §§ 1224, 1249, 1142 BGB. auch die Befriedigung im Wege der ihm vom Eigentümer der haftenden Sache erklärten Aufrechnung gefallen lassen muß.

Alle vorgeführten Fälle haben überdies noch gemein, daß der Gläubiger durch Nichtannahme der ihm von demjenigen, welcher bei Vorhandensein der Aufrechnungslage würde aufrechnen können, ordnungsmäßig angebotenen Leistung auch im Verhältnis zu demjenigen Schuldner in Empfangsverzug gerät, der im Falle der Annahme der Leistung ihm gegenüber frei geworden wäre.

Wir gelangen somit zu dem zweifachen Ergebnis, daß die Rechtsbeziehung des Gläubigers zu seinem Schuldner allerdings auch durch die Rechtsbeziehung, in welcher jener zu einer anderen Person, die ihm gegenüber zur Befriedigung durch Leistung des von diesem Geschuldeten oder im Wege der datio in solutum oder der Aufrechnung berechtigt ist, wesentlich beeinflußt werden kann, daß aber eine solche Beeinflußung nirgends auf das Vorliegen einer vervielfältigenden Schuldsukzession hinweist.

Ebenso eindruckslos wie v. Gierkes soeben besprochenes Vorbringen, muß dessen Versicherung bleiben, daß die Vorstellbarkeit der durch kumulative Schuldübernahme angeblich herbeigeführten vervielfältigenden Schuldsukzession gerade soweit reiche, als die Vorstellbarkeit des Solidarprinzips überhaupt. Es ist zwar ebenso richtig als selbstverständlich, daß die kumulative Schuldübernahme zu einer solidarischen Haftung führt. Unzutreffend ist es dagegen, wenn v. Gierke einen notwendigen Zusammenhang zwischen solidarischer Haftung und vervielfältigender Schuldsukzession annimmt. Verpflichten sich mehrere durch einen mit dem Gläubiger einheitlich geschlossenen Vertrag als Solidarschuldner oder haften mehrere wegen eines von ihnen gemeinschaftlich begangenen Deliktes solidarisch, so ist doch gewiß keiner der Schuldner successor des anderen. Andere Fälle solidarischer Haftung, bei denen das Vorliegen einer vervielfältigenden Schuldsukzession auch v. Gierke als ausgeschlossen erachtet, sind schon früher erwähnt worden. Das Gebiet der solidarischen Haftung kann sich somit mit dem Gebiet der vervielfältigenden Schuldsukzession unmöglich decken und die Vorstellbarkeit jener kann die Annahme dieser nicht zur grundsätzlichen Voraussetzung haben.

Nach wie vor erhebt sich also v. Gierkes Konstruktion der kumulativen Schuldübernahme nicht über den problematischen Wert einer unerweislichen Behauptung. Um so dankenswerter ist es, daß v. Gierke den Grund nicht verschweigt, der ihm für seine Auffassung der kumulativen Schuldübernahme subjektiv ausschlaggebend gewesen ist. Er führt in dieser Beziehung S. 34, Anm. 2, aus:

„Geschichtlich hat, wie Strohal, Jahrb. f. D. 57, 383, richtig bemerkt, die Lehre von der Schuldübertragung[50] ihren Ausgang von der Annahme einer kumulativen Schuldübernahme genommen, während man die Befreiung des alten Schuldners erst aus der Entlassungserkärung des Gläubigers hervorgehen ließ. Auch heute bildet vielfach die kumulative Schuldübernahme den Durchgang zu befreiender Schuldübernahme, die dann doch, falls die Schuld des Übernehmers inzwischen eine neue Schuld war, gleichfalls nicht Schuldnachfolge sein könnte. Der ganze Aufbau des Schuldnachfolgerechts verliert seine Geschlossenheit, wenn aus ihr die kumulative Schuldübernahme entfernt wird."

Worauf es v. Gierke bei der kumulativen Schuldübernahme allein ankommt, ist hiernach leicht festzustellen. Er bewegt sich nämlich in folgendem Gedankengang:

1. Für ihn ist Axiom, daß die privative Schuldübernahme als Sukzession des Übernehmers in die Schuld des Altschuldners konstruiert werden müsse.

[50] Die Verwendung dieses, an die Lehre Delbrücks anklingenden (und von mir strenge vermiedenen) Ausdruckes bestätigt die Richtigkeit des oben in Anm. 21 S. 67 bezüglich des Verhältnisses v. Gierkes zu Delbrück Gesagten.

2. Mit geringerer Voreingenommenheit steht er der kumulativen Schuldübernahme gegenüber. Nach seiner, zwar nur indirekt, aber doch deutlich genug ausgesprochenen Meinung könnte diese, für sich allein betrachtet, allenfalls auch ohne Zuhilfenahme der Sukzessionskonstruktion begriffen werden.

3. Unfrei in seiner Beurteilung der kumulativen Schuldübernahme wird v. Gierke erst durch die Einsicht, daß diese Art der Schuldübernahme sehr häufig den Durchgang für eine privative Schuldübernahme bildet. Er wittert nämlich die Gefahr, daß aus dem Verzicht auf die Durchführung der Sukzessionstheorie bei jener Schuldübernahme weitreichende Schlüsse gezogen werden könnten, denen gegenüber die Sukzessionstheorie auch bei der privativen Schuldübernahme nicht mehr standzuhalten vermöchte. Dem soll durch die Ausdehnung der Sukzessionstheorie auf die kumulative Schuldübernahme vorgebeugt werden.

Hiernach hat die der Konstruktion der kumulativen Schuldübernahme gewidmete Ausführung v. Gierkes nur die Bedeutung eines auf jegliche Beweiskraft verzichtenden Bekenntnisses.

IV.

Unsere Erörterung hat jetzt wieder dort anzuknüpfen, bis wohin sie bei der Erwähnung der kumulativen Schuldübernahme gelangt war. Sie schloß mit der Feststellung ab, daß diejenigen Schriftsteller, welche in der rechtsgeschäftlichen Schuldübernahme einen Sukzessionsvorgang erblicken, unter Schuld jedenfalls nicht die Schuldpflicht in dem früher dargelegten Sinne (die Verbindlichkeit, die Obligation), sondern bewußt oder unbewußt etwas wesentlich anderes verstehen und durfte sich als zwingenden Beweis hierfür insbesondere auf den von jenen Schriftstellern unternommenen Versuch berufen, die Sukzessionstheorie von der privativen Schuldübernahme auch auf die kumulative zu übertragen.

Darüber, was die Schuld, in die nach der von uns bekämpften Auffassung bei der Schuldübernahme sukzediert wird, eigentlich sein soll, ist bereits oben eine Vermutung ausgesprochen worden.

Der Punkt bedarf aber noch genauerer Prüfung. Die Vertreter der Sukzessionstheorie müssen selbst zu Worte kommen.

In seinem Buche über Schuld und Haftung spricht sich v. Gierke über das Wesen der deutschrechtlichen Schuld also aus: Der rechtliche Inhalt des Schuldverhältnisses werde durch den Begriff des Sollens bestimmt (S. 8). In dem Begriff des Sollens aber erschöpfe sich auch das Schuldverhältnis. Eine Macht die Leistung zu erzwingen, gewähre das Schuldverhältnis als solches nicht; denn es vermittle dem Gläubiger keine Herrschaft über die Person des Schuldners oder dessen Vermögen. Mithin müsse ein Rechtsverhältnis anderer Art, das Machtinhalt hat (nämlich die Haftung), hinzutreten, um dem Schuldverhältnis volle Wirksamkeit zu verleihen (S. 19). So sehr jedoch die Kraft des Schuldverhältnisses von dem Hinzutritt der Haftung abhänge, so bleibe doch sein Wesen davon unberührt. Aus diesem Grunde soll die Schuld des germanischen Rechts nach v. Gierke schon frühzeitig befähigt gewesen sein, jene Vergegenständlichung zu empfangen, die mit dem die Haftung einschließenden Obligationsbegriff des klassischen römischen Rechts unverträglich war, und hierauf soll es wieder beruhen, daß — wie man nicht ohne Überraschung erfährt[51] — die Schuld des Gläubigers zum aktiven und die Schuld des Schuldners zum passiven Vermögensbestandteil und wie jene (zuerst mit Zustimmung des Schuldners, dann auch ohne sie), so auch diese (mit Zustimmung des Gläubigers) übertragbar wurde (a. a. O. S. 10).

[51] Die Darstellung v. Gierkes ist nämlich insofern rätselhaft, als sie aus der völligen Unabhängigkeit der germanischen Schuld von der Haftung insbesondere aus dem Umstande, daß der Gläubiger durch die Schuld zum Vermögen des Schuldners in keine rechtliche Beziehung gesetzt wurde, die Konsequenz ableitet, daß die Schuld beim Gläubiger zum aktiven und beim Schuldner zum passiven Vermögensbestandteil und als solcher übertragbar wurde. Weitaus verständlicher und einleuchtender ist es, wenn Huber, System und Geschichte des Schweizerischen Privatrechts, IV, S. 845 ff. die Ablösbarkeit der Schuld von der Person des ursprünglichen Schuldners aus dem überwiegenden vermögensrechtlichen Element der mittelalterlichen Obligation ableitet, vermöge dessen der Erwerber des haftenden Vermögens zum Schuldner wurde.

Mit v. Gierke stimmt Knoke[52] insofern überein, als auch er die Schuld für etwas hält, das losgelöst von der schuldrechtlichen Haftung, Gegenstand einer Sukzession bilden könne. Sein Ausgangspunkt ist jedoch ein wesentlich anderer, als der v. Gierkes. Knoke bezweifelt nicht die große Bedeutung der Vermögenshaftung für den Begriff der modernen Obligation. Er trägt kein Bedenken zu sagen, daß diese durch die Verbindung des Bekommensollens auf Seiten des Gläubigers, mit dem des Leistensollens auf Seiten des Schuldners und mit der Haftung des schuldnerischen Vermögens charakterisiert werde, und er leitet aus dem Begriff der Obligation den Satz ab: keine Forderung ohne Vermögenshaftung. Trotz aller Bedeutung der Haftung dürfe man aber nicht verkennen, daß das Leistensollen das erste, die Haftung das zweite sei[53]. Beides falle nicht zusammen und die Sukzessionstheorie bei der Schuldübernahme sei daher auch nicht schon mit dem Nachweis widerlegt, daß die Haftung des Übernehmers eine neue ist. Die genannte Theorie behaupte ja gar nicht und brauche nicht zu behaupten, daß die Haftung bei der Schuldübernahme dieselbe bleibe. Sie behaupte vielmehr nur die Identität der Forderung und halte diese für gegeben, wenn das Leistensollen dasselbe bleibt[54]. Die hiermit in dem für uns hier entscheidenden Punkte wiedergegebene Darlegung Knokes leidet an einer für denjenigen, der sich mit ihr auseinandersetzen will, recht bedauerlichen Unklarheit[55]. Als

---

52 S. 410 ff.

53 Wie Knoke jetzt auch Buch a. a. O. S. 64.

54 Über die Auffassung Hellmanns vgl. oben Anm. 2 auf S. 62.

55 Hiermit soll der Wert der Ausführungen Knokes keineswegs herabgesetzt werden. Ihr Verfasser verdient vielmehr volle Anerkennung dafür, daß er von einem konservativen Standpunkte aus besonnen, vorsichtig und scharfsinnig die Gründe entwickelt, die ihm zugunsten der Sukzessionstheorie noch ins Feld geführt werden zu können scheinen, und dadurch zu neuer Untersuchung anregt. Widerspruchsvoll und unklar ist Knoke nur dadurch geworden, daß er im Gegensatz zu anderen unbefangen genug ist, zuzugestehen, zum Wesen der heutigen Obligation gehöre die Vermögenshaftung des Schuldners, d. h. eine Rechtsbeziehung zum Vermögen desjenigen, welcher zufolge eines bestimmten rechtsbegründenden

ziemlich sicher wird zwar angenommen werden dürfen, daß der Verfasser die Ausdrücke „Schuld" und „Leistensollen" als gleichbedeutend gebraucht. Die Unklarheit betrifft das Verhältnis von Schuld im Sinne Knokes zu dem von ihm ebenfalls verwendeten Ausdruck „Obligation". Es ist bekannt, daß wir diesem im Anschluß an den Sprachgebrauch der Römer eine dreifache Bedeutung zuschreiben. Der Ausdruck dient nämlich zunächst wie zur Bezeichnung des gläubigerischen Rechtes, der Forderung, so auch zur Bezeichnung der schuldnerischen Verpflichtung, der Schuldpflicht, bezeichnet aber außerdem noch das zwischen Gläubiger und Schuldner bestehende Rechtsverhältnis, von welchem Forderungsrecht und Verpflichtung die beiden Seiten[56] sind (Windscheid, Pandekten II § 351 a). Zum Begriff und Wesen der Obligation in dem zuletzt erwähnten Sinne gehört nun nach Knoke die Haftung des Schuldners. Ganz dasselbe sagt Knoke von der Forderung des Gläubigers aus. Hat hiernach das Recht des Gläubigers das Vorhandensein einer schuldrechtlichen Haftung zur notwendigen Voraussetzung, so muß von der Verpflichtung des Schuldners dasselbe gelten. Hiernach möchte man erwarten, daß Knoke sich zu derjenigen Auffassung bekennt, welche v. Gierke als die spezifisch-romanistische bezeichnet. Da macht er aber auf einmal eine Schwenkung und löst sich aus der Obligation, in der die Haftung inbegriffen ist, eine in einem Leistensollen bestehende Schuld heraus, zu deren Wesen, obschon sie sich erst durch Hinzutritt der Haftung zur Obligation ausgestaltet, die Haftung nicht gehört. Damit nähert sich Knoke trotz der Verschiedenheit des Ausgangspunktes der Lehre v. Gierkes, die aber der Dar-

---

Tatbestandes Schuldner geworden ist. An diesem Zugeständnis mußte der Versuch, die Sukzessionstheorie bei der Schuldübernahme trotzdem festzuhalten, notwendig scheitern.

[56] Bei der Verwendung des Ausdrucks „Schuldverhältnis" denken wir übrigens oft auch an einen ganzen Komplex innerlich miteinander zusammenhängender Rechtsbeziehungen (Mietverhältnis, Gesellschaftsverhältnis, Gemeinschaftsverhältnis u. dgl.), aus dem sich je nach Umständen bald Schuldpflichten des einen, bald solche des anderen Teiles entwickeln.

stellung Knokes gegenüber den großen Vorzug hat, daß sie ungeschminkt ausspricht, was Knoke künstlich zu verdecken sucht.

Als Anhänger der Sukzessionstheorie bei der Schuldübernahme bekennt sich auch Enneccerus. Er läßt aber zugleich deutlich durchblicken, daß ihm die Festhaltung dieser Auffassung erhebliches Kopfzerbrechen bereitet. In der 4.—5. Auflage seines Lehrbuches hatte er noch ausdrücklich erklärt, daß im heutigen Recht und im Recht des BGB. insbesondere zwischen Schuld und Haftung nicht mehr zu unterscheiden sei[57]. Inzwischen scheint er aber erkannt zu haben, daß es von diesem Standpunkt aus völlig unmöglich ist, einen Vorgang, wo bei sich gleich bleibendem Leistungsinhalt die schuldrechtliche Haftung des A durch die schuldrechtliche Haftung des B ersetzt wird, als Sukzession in die von der Haftung nicht zu trennende Schuld zu konstruieren. Er sieht sich deshalb in seiner neuesten (6.—8.) Auflage zu einer wesentlich veränderten Stellungnahme genötigt. Sie soll hier möglichst scharf umrissen werden.

Das Forderungsrecht denkt sich Enneccerus in Übereinstimmung mit seinen früheren Auflagen als das Recht einer Person, des Gläubigers, gegen eine andere bestimmte Person, den Schuldner, auf Befriedigung eines schutzwürdigen Interesses des Gläubigers[58]. Die dem Gläubigerrechte gegenüberstehende Verpflichtung des Schuldners bezeichnet er als Schuld, so daß ihm also Schuldpflicht und Schuld als gleichbedeutend gelten. Die eminente Bedeutung, welche der schuldrechtlichen Haftung für die Durchsetzbarkeit des Forderungsrechts zukommt, wird von Enneccerus natürlich auch jetzt noch gewürdigt. Er betrachtet die Haftung aber nicht mehr als etwas zur Forderung und zur schuldrechtlichen Verpflichtung Gehörendes, sondern nur als eine zwar regelmäßige, aber keineswes notwendige Folge des For-

[57] § 226 Anm. 1. Als völlig einwandfrei erschien diese Fassung allerdings nicht. Sachlich unrichtig war das im Eingang der bezeichneten Anmerkung über die Bußschuld Gesagte.

[58] § 225 am Anfang.

derungsrechtes. In offenbarer Anlehnung an v. Gierkes oben wiedergegebene Begriffsbestimmung des Schuldverhältnisses nimmt Enneccerus nunmehr an, der Inhalt der Forderungsrechtes erschöpfe sich in einem bloßen Forderndürfen und der Inhalt der schuldnerischen Verpflichtung in einem bloßen Leistensollen[59]. Hiermit stimmt es durchaus zusammen, wenn er beifügt, der von ihm angenommene Inhalt des Forderungsrechtes könne durch die Gestaltung der Haftung in keiner Weise beeinflußt werden, und das Bestehen des Forderungsrechtes werde auch dadurch nicht ausgeschlossen, daß die Rechtsordnung den Eintritt einer schuldrechtlichen Haftung völlig versage[60]. Nach dieser Auffassung kann man sich nicht mehr wundern, wenn Enneccerus schließlich zu dem Ausspruch gelangt, die von ihm anerkannten sogenannten Naturalobligationen seien „wahre Forderungen" und daher auch auf der Schuldnerseite wahre schuldrechtliche Verpflichtungen[61].

Hierzu ist Verschiedenes zu sagen. Das Auffallendste an Enneccerus neuer Lehre ist, daß sie von einem Schriftsteller ausgeht, der nach den im ersten Bande seines Lehrbuchs enthaltenen Ausführungen das Wesen des subjektiven Rechts in der jemandem von der Rechtsordnung verliehenen Rechtsmacht erblickt. „Recht — so definiert er a. a. O. S. 150[62] — ist die von der Rechtsordnung verliehene, zur Befriedigung menschlicher Interessen dienliche Macht". Diesen Begriff gibt Enneccerus — wie später noch genauer zu zeigen sein wird — bei der Bestimmung des Inhalts des Forderungsrechtes völlig preis.

Recht auffallend ist aber auch, daß Enneccerus, obschon einen rein positiv-rechtlichen Stoff behandelnd, es für angemessen erachtet, technische Ausdrucke des Gesetzes in untechnischem Sinne zu verwenden. Er spricht von einer Verpflichtung, wo das

---

59 § 226 S. 6 am Anfang.

60 A. a. O. S. 6, 7.

61 § 227 II 2 in Verbindung mit § 226 I und II am Anfang.

62 In der eben erschienenen neuesten 9.—11. Aufl., S. 162.

Gesetz das Vorhandensein einer solchen ausdrücklich verneint[63] und von Forderungsrecht, Forderndürfen und Anspruch (verlangen dürfen), wo das Gesetz diese Ausdrücke streng vermeidet.

Unabweisbar ist daher die Frage, was diese Ausdrücke in der ihr von Enneccerus gegebenen Verwendung bedeuten sollen. In welchem Sinne ist es insbesondere zu verstehen, daß der Quasigläubiger auch im Falle einer sogenannten Naturalobligation eine Leistung fordern (verlangen) darf?

Es unterliegt keinem Zweifel, daß, wenn der Vater oder die Mutter einer zum zweiten Male sich verheiratenden Tochter, der die von ihr aus Anlaß ihrer ersten Verheiratung empfangene Aussteuer (es soll angenommen werden aus ihrem eigenen Verschulden) verloren gegangen ist, eine zweite angemessene Aussteuer gewährt, die Vorschriften der §§ 814, 1624 BGB. eingreifen. Das als Aussteuer Gewährte kann also von dem Gewährenden nicht zurückgefordert werden und hat nicht den Charakter der Schenkung. Enneccerus nimmt mit Rücksicht hierauf trotz dem das direkte Gegenteil bestimmenden § 1622 an, daß die Tochter gegen den Vater bezw. die Mutter vor der tatsächlich erfolgenden Leistung ein wahres Forderungsrecht auf abermalige Aussteuerung hatte und diese also mit Recht fordern (verlangen) durfte[64].

Worin soll nun die rechtliche nnd praktische Bedeutung dieses Forderndürfens gefunden werden? An die Ausübung dieses Rechtes durch Erhebung der Leistungsklage ist natürlich nicht zu denken. Aber auch eine Klage auf Feststellung des vermeintlichen Rechtes zum Forderndürfen könnte keinen Erfolg haben, müßte vielmehr wegen § 1622 schlechthin abgewiesen werden[65]. Es kann also nur mehr ein außergerichtliches Forderndürfen in Frage kommen. Allein, welche Rechtsfolge wird zugunsten der Tochter ausgelöst, wenn sie in dieser Weise fordert? Vermag sie dadurch

---

[63] Vgl. BGB. §§ 656, 762, 1622, 1624.

[64] § 227 II 2 und 4 e.

[65] So auch Enneccerus selbst § 227 Anm. 3.

den Inhalt der Verpflichtung ihres sogenannten Schuldners zu steigern, kann sie diesen in Leistungsverzug versetzen und für die Folgen der Nichtleistung verantwortlich machen? Zweifellos nicht. Macht es also irgend einen Unterschied, ob die Tochter von ihrem Forderndürfen Gebrauch macht oder nicht? Es liegt nahe, auch dies unbedingt zu verneinen. Und doch würde man damit über das Ziel schießen. Denn wenn die Tochter hartnäckig fordert, so ist für den Angeforderten hinreichende Veranlassung zur Erhebung der Klage auf Feststellung gegeben, daß jene von Rechts wegen nichts zu fordern habe. Das Forderndürfen, in dem sich nach Enneccerus der Inhalt des Forderungsrechtes erschöpft, ist also nichts weiter als ein juristisches Phantom[66].

Es ist nicht uninteressant zu sehen, wie Enneccerus zu seiner Lehre gelangt ist. Er nimmt in den Fällen der sogenannten Naturalobligation eine wahre Forderung deswegen als vorhanden an, weil sie in dem Sinne erfüllt werden kann, daß die in Kenntnis der Nichterzwingbarkeit erfolgte Zahlung keine Schenkung ist und die in Unkenntnis der Nichterzwingbarkeit erfolgte Zahlung nicht als ungerechtfertigte Bereicherung zurückgefordert werden kann[67]. Er übersieht aber dabei zwei Dinge.

Einmal, daß aus einer Rechtslage der beschriebenen Art für den eventuellen Empfänger der Leistung niemals ein rechtliches Forderndürfen abgeleitet werden kann. Er wird aber außerdem noch seiner eigenen sehr berechtigten Warnung ungetreu, daß man nicht aus der Anwendbarkeit von Vorschriften, die auch außerhalb des subjektiven Rechtsbegriffes gelten, auf das Dasein eines subjektiven Rechts schließen darf[68]. Nun treten uns aber die von Enneccerus für maßgebend erachteten Merkmale des Forderndürfens in gleicher oder doch ähnlicher Weise auch in Fällen entgegen, wo Enneccerus selbst sich genötigt sieht, das Vorhandensein einer Forderung zu leugnen.

---

[66] Dem Sinne nach ebenso Siber a. a. O. S. 27 (unter Z. 3).

[67] § 227 II.

[68] I 1 § 65.

Hatte A dem B 100 dafür versprochen, daß dieser den Hund des C vergifte, so entspringt daraus für den die Bedingung des Versprechens erfüllenden B gewiß kein Forderungsrecht. Trotzdem kann der A die dem B für den von diesem geleisteten Dienst bereits gezahlten hundert nicht mehr zurückfordern (§ 817). Enneccerus hebt ferner mit Recht hervor, daß ein formbedürftiges aber formlos gemachtes Bürgschaftsversprechen, ein formloses Schenkungsversprechen, ein formlos eingegangener Vertrag, laut dessen ein Teil zur Übertragung des Eigentums an einem Grundstück verpflichtet sein soll, eine gegen den Versprechenden sich richtende Forderung des Versprechensempfängers nicht begründet[69]. Ungeachtet dessen darf der Versprechensempfänger das versprechensgemäß Geleistete nicht nur behalten, sondern knüpft sich an die Bewirkung der Leistung nach den §§ 766, 518, 313 eine noch viel stärkere Wirkung als in den Fällen der von Enneccerus anerkannten Naturalobligationen. Es sei endlich noch daran erinnert, daß Enneccerus es, obschon zu denjenigen, welche wirksam leisten können, auch der Eigentümer einer haftenden Sache gehört, ablehnt[70], von einem gegen diesen als solchen sich richtenden Forderungsrecht des Pfand-, Hypotheken-, Grundschuldgläubigers zu sprechen.

Das kurze Ergebnis der vorstehenden Ausführungen ist, daß sich der von Enneccerus aufgestellte Begriff des Forderungsrechts nach keiner Richtung rechtfertigen läßt. Nach unserem positiven Recht ist das Forderungsrecht nicht ein inhalts- und bedeutungsloses Forderndürfen im Sinne von Enneccerus, sondern eine dem Gläubiger in Ansehung einer ihm in Aussicht gestellten Leistung dadurch verliehene Rechtsmacht, daß die Rechtsordnung zu dessen Gunsten eine auf Haftung beruhende Rechtspflicht des Schuldners eintreten läßt.

Während die bisher genannten Schriftsteller die Schwierigkeit des unserer Jurisprudenz durch das Institut der modernen Schuld-

[69] I 2 § 227 Anm. 5.

[70] § 72 I Anm. 4.

übernahme gestellten Problems nicht verkennen und sich bewußt sind, daß das Ringen nach Wahrheit die Gefahr des Irrens unvermeidlich mit sich bringt, weiß der jetzt noch zu nennende Schriftsteller — es ist Hellmann[71] — nicht einmal den Ton ruhiger Sachlichkeit zu finden, obschon man nach seinen in eine frühere Zeit fallenden Äußerungen[72] gerade von ihm volle Unbefangenheit hätte erwarten dürfen. Statt dessen redet er sich in einen blinden Eifer hinein, der ihn nicht einmal die krassen Widersprüche gewahr werden läßt, in denen sich seine Ausführungen bewegen. Darüber, daß Hellmann im Schuldübernahmevertrag einen Verpflichtungsvertrag d. h. einen Vertrag erblickt, durch den eine schuldrechtliche Verpflichtung neu begründet wird, zugleich aber auch einen rechtlichen Vorgang, durch den in der Person des Neuschuldners keine neue Verpflichtung erzeugt, sondern vielmehr nur die Sukzession des Neuschuldners in die Verpflichtung des Altschuldners vermittelt wird, ist schon weiter oben (S. 64) gesprochen worden.

Nicht minder widerspruchsvoll ist, was Hellmann über das Verhältnis von Schuld und Haftung zu sagen für gut findet. Die von ihm früher als erlösend gepriesene Ausprägung, welche der Obligationsbegriff durch Brinz erhalten hat, will er zwar auch heute nicht ganz verleugnen. Im Gegensatz zu seiner früheren Haltung wendet er sich jedoch jetzt mit unverhohlenem Ingrimm gegen die germanistische Lehre von Schuld und Haftung. Schon ihre Erwähnung versetzt ihn in einen schwer begreiflichen Aufregungszustand. Für die Wertung voraussetzungsloser rechtshistorischer Forschung, die uns enthüllt, wie es wirklich gewesen ist, scheint er kein Auge zu haben. Doch das mag auf sich beruhen. Jedenfalls spricht er der der Entwicklung des Obligationsbegriffes gewidmeten historischen Arbeit jeden dogmatischen Wert ab[73]. Ja er erkennt sogar mir das Verdienst zu, in meiner

[71] A. a. O. (vgl. oben S. 4 Anm. 2).

[72] KrVJSch. 37, S. 67 ff.

[73] Gegen diese Behauptung Hellmanns hat sich alsbald sehr entschiedener Widerspruch erhoben; vgl. Gareis, Moderne Bewegungen in der

Schuldübernahme — wenn auch gegen meine Intention — den zwingenden Beweis für die Richtigkeit dieser Behauptung geführt zu haben.

Nun ist es freilich richtig, daß ich mich den an die Ergebnisse der rechtshistorischen Forschung von einzelnen Schriftstellern — die übrigens untereinander keineswegs übereinstimmen — geknüpften konstruktiven Erörterungen gegenüber zum Teil recht skeptisch und in erheblichen Punkten sogar direkt ablehnend verhalte. Dies kann mich jedoch daran nicht irre machen, daß die quellenmäßige Herausarbeitung des Verhältnisses von Schuld und Haftung in hohem Maße geeignet ist, auf die Rechtsdogmatik befruchtend und Richtung gebend zu wirken. Wie sie uns die Bedeutung der Haftung zum Bewußtsein gebracht hat, so hat sie uns auch das Auge für dasjenige geschärft, was das Wesen der Schuld im Sinne von Schuldpflicht (Obligation) ausmacht.

Unsere heutige Rechtssprache trägt noch deutlich die Spuren der verschiedenen Entwicklungsphasen an sich, welche das germanische Schuldrecht in seinen Anfängen durchlaufen hat. Es dürfte kaum zu bezweifeln sein, daß die Schuld des ältesten germanischen Rechts, obschon möglicherweise schon von Rechts wegen mit einer Haftung verbunden, doch begrifflich als etwas von der Haftung Getrenntes und Unabhängiges zu denken ist[74]. Am Ende der Entwicklung steht jedoch die mit der Haftung organisch verbundene Schuld als die der obligatio des römischen Rechts (in ihrer passiven Bedeutung) gleichwertige Schuldpflicht[75]. Auf jene Auffassung weist im heutigen Sprachgebrauch die nicht selten vorkommende Wendung hin, daß „für eine Schuld" gehaftet werde, diese

Wissenschaft des deutschen Privatrechts, Münchener Rektoratsrede vom 30. November 1912, S. 23 (dazu Anm. 67 daselbst), Oertmann im JLitBl. 1913 S. 102, Puntschart in Goldschmidts Z. 71, S. 297 ff.

[74] Hierüber zuletzt Puntschart in Goldschmidts Z. 71, S. 310.

[75] Vgl. Heusler, Institutionen II, S. 225 ff.; Huber a. a. O. S. 841; v. Gierke in Kohlers Enzyklopädie, 1. Aufl. der Neubearbeitung, S. 523: „Allmählich erfolgte die begriffliche Verbindung von Schuld und Haftung als ‚Obligation'" (etwas anders, aber ähnlich in der zweiten Neubearbeitung, S. 267); Puntschart in Goldschmidts Z. 71 S. 302, 312, 324.

liegt überall dort zugrunde, wo von Verbindlichkeit, Verpflichtung des Schuldners die Rede ist. Eine Schuld in diesem Sinne hat das Vorhandensein einer schuldrechtlichen Haftbarkeit des Schuldners zur notwendigen Voraussetzung.

Die Dogmatik des heutigen Schuldrechts leidet darunter, daß die genannten zwei Bedeutungen von Schuld nicht immer scharf genug auseinander gehalten werden. Es darf daher nicht allzusehr Wunder nehmen, daß sich auch Hellmann in dieser Beziehung versündigt. Ihm steht schon von vornherein fest, daß Schuld im Sinne des heutigen Rechtes soviel bedeutet als schuldrechtliche Verpflichtung (Obligation). Eine Schuld aus der für den Gläubiger keinerlei Rechte erwachsen, ist ihm ein leerer Schall, und zum Wesen jeder Schuld, die mehr sein soll als ein Zustand, den die Römer als obligatio tantum naturalis bezeichnet haben, gehört nach seiner Ansicht das dem Gläubiger aus der Vermögenshaftung des Schuldners erwachsende Verfolgungsrecht. Dies alles ist für Hellmann so selbstverständlich, daß er jetzt[76] gar nicht mehr zu begreifen vermag, inwiefern die Entwicklung des altgermanischen Obligationenrechts für das richtige Verständnis des heutigen Obligationsbegriffs förderlich sein könne. Ja noch mehr. Die Anknüpfung an die germanistische Lehre von Schuld und Haftung erscheint ihm um so verkehrter, als man dadurch — so meint er wenigstens — die Schuld ohne Haftung in den Mittelpunkt des heutigen Schuldrechts stellen würde. Mag man die Art, in der Hellmann diesen Standpunkt begründet, aber auch als unerfreulich empfinden, so ist doch nicht das geringste dagegen einzuwenden, wenn er weit von der Auffassung derjenigen abrückt, welche in der Schuld im Sinne von Schuldpflicht ein auf sich selbst gestelltes d. h. von jeglicher Haftung unabhängiges Leistensollen erblicken[77]. Bei folgerichtiger Durchführung dieses Stand-

[76] Ganz anders an dem Anm. 72 a. O.

[77] Daß ich dieser Auffassung schon in meiner Schuldübernahme mit Entschiedenheit entgegengetreten bin, selbst auf die Gefahr hin, des mangelhaften Verständnisses für das Wesen der germanischen Schuld geziehen zu

punktes müßte Hellmann die Annahme einer bei der Schuldübernahme stattfindenden Sukzession in die Schuld offenbar verwerfen, da die zum Wesen der Schuldpflicht gehörende Haftung im gesetzten Falle auf eine völlig neue Grundlage gestellt wird[78].

Auf Folgerichtigkeit hat es jedoch Hellmann nicht abgesehen. Er sucht sich vielmehr der soeben hervorgehobenen Konsequenz seines eigenen Standpunkts zu entziehen und leistet sich zu diesem Zwecke den Satz[79]: „daß niemals jemand behauptet hat, durch die Schuldübernahme vollziehe sich eine Sondernachfolge in die Haftung Womit, sondern in Haftung Wofür". Was hiermit gesagt sein soll, ist — wie sich der Verfasser inzwischen selbst gestanden haben dürfte — so fehlerhaft ausgedrückt, daß es illoyal sein würde, dies durch Zergliederung erst noch zu erhärten. Trotzdem kann nicht zweifelhaft sein, worauf Hellmann hinaus will. Er ist bestrebt, wenigstens den Schein herzustellen, als ob der Neuschuldner bei der Schuldübernahme in die die Haftung in sich begreifende Schuldpflicht (Obligation) des Altschuldners wirklich sukzediere, und bedient sich zu diesem Zwecke schiefer und irreführender Wendungen. Überträgt man aber den von Hellmann getanen Ausspruch in richtiges Deutsch, so besagt er, daß der Neuschuldner bei der Schuldübernahme in die Haftung des Altschuldners überhaupt nicht sukzediert, sondern daß den Gegenstand der angeblichen Sukzession in die Schuld nur das „Wofür" der Haftung bildet. Nun ist aber das bloße „Wofür" der Haftung nach Hellmanns eigener Erklärung keine Schuld im Sinne von Schuldpflicht (Obligation), sondern nur Schuld in dem Sinne, in welchem zuerst die Germanisten bei der Entwicklung des altgermanischen Schuldrechtes die „Schuld" der „Haftung" gegenübergestellt haben.

werden, scheint Hellmann nicht einmal bemerkt zu haben. Richtig gesehen hat dagegen sofort Krückmann in Iherings J. 59, 37, der daselbst von dem Gegensatz spricht, in den ich zu gewissen Formulierungen der germanistischen Lehre gelangt bin.

78 Siehe auch Heusler a. a. O. I S. 375.

79 KrVJSch. 49, S. 514, 515.

So bietet uns also Hellmann das überraschende Schauspiel, daß gerade er, der leidenschaftliche Verächter der germanistischen Lehre von Schuld und Haftung in heimlicher Liebe zu ihr entbrennt und sie nach einer Richtung zu verwerten sucht, die nur einzuschlagen vermag, wer sich zu der von Hellmann ausdrücklich verworfenen[80] Lehre von der deutschrechtlichen Schuld im Sinne v. Gierkes bekennt.

V.

Die soeben vorgenommene Umschau hat uns neuerdings bestätigt, daß die für die Annahme einer bei der Schuldübernahme sich vollziehenden Schuldsukzession sich entscheidenden Schriftsteller genötigt sind, dabei einen von dem gesetzlichen Begriff der Schuld im Sinne von schuldrechtlicher Verpflichtung (Schuldpflicht) sich wesentlich abhebenden Schuldbegriff zu unterstellen. Darüber, wie dieser positiv zu bestimmen ist, besteht unter den genannten Schriftstellern volle Übereinstimmung jedenfalls nicht. Wir begegneten dabei zum Teil sogar Wendungen, die sich sofort als unhaltbar herausstellten. Verhältnismäßig am deutlichsten spricht sich v. Gierke aus. An seine Fassung wollen wir uns daher vorläufig halten.

Die deutschrechtliche Schuld v. Gierkes ist so beschaffen, daß sie das Vorhandensein eines Schuldverhältnisses im Sinne des § 241 BGB. nicht zur Voraussetzung hat. Da ihr Wesen sich nach v. Gierkes Auffassung in einem reinen, von jeglicher Haftung unabhängigen Leistensollen des Schuldners erschöpft, aus dem sich für den Schuldner keine Unterwerfung und für den Gläubiger keine wie immer geartete Macht ergibt, so wird sie von ihm auch in den Fällen der unvollkommenen Schuld, in Ansehung deren der Eintritt jeder Haftung durch das Gesetz ausgeschlossen ist, als vorhanden erachtet.

---

[80] Denn eine Schuld, aus der dem Gläubiger nicht das geringste Recht erwächst, ist ja doch für Hellmann, wie wir früher gesehen haben, „leerer Schall.“

Die Auffassung v. Gierkes führt aber auch darüber noch weit hinaus. Eine Schuld in seinem Sinne liegt auch bei bloßer Sachhaftung für ein gläuberisches Bekommensollen vor[81] und nicht minder in den Fällen des formlosen Schenkungsversprechens, der formlosen Verbürgung und der ohne Beobachtung der im § 313 vorgeschriebenen Form gemachten vertragsmäßigen Zusage der Eigentumsübertragung an einem Grundstück. Zu jener Entscheidung bekennt v. Gierke sich ausdrücklich. Diese Entscheidungen ergeben sich mit Notwendigkeit aus der geschichtlichen Grundlage, welche v. Gierke seiner Lehre zu geben sucht.

Er vertritt die Ansicht, daß die Schuldverträge des älteren deutschen Rechts formlos, die Haftungsverträge dagegen, formbedürftig waren, nimmt aber außerdem noch an, daß eine Haftung für das durch formlosen Schuldvertrag Versprochene auch durch Empfang von vermögenswertem Entgelt für das Versprochene begründet werden konnte[82]. Ob und in welchem Maße diese Behauptungen zutreffen, ist bekanntlich streitig[83] und wird sich nur durch sorgfältig geführte Spezialuntersuchungen ermitteln lassen.

Für die Beurteilung der dogmatischen Auffassung v. Gierkes ist jedoch eine Überprüfung der genannten historischen Prämissen nicht erforderlich. Wir werden vielmehr, um uns mit jener vollständig vertraut zu machen, gut tun, diese noch einen Schritt weiter zu verfolgen. Wir finden nämlich bei v. Gierke insbesondere noch ausgeführt, daß der formlos geschlossene gegenseitige Vertrag im älteren deutschen Recht zwar ein beiderseitiges Schuldverhältnis aber kein Haftungsverhältnis begründete: „Jeder Teil schuldet, allein keiner von beiden Teilen haftet und jeder von ihnen kann sich vom Vertrage lossagen". „Sobald dagegen

---

[81] Schuld und Haftung, S. 20, 22 ff., 99.

[82] A. a O. S. 120 ff.

[83] Vgl. bereits Sohm, Recht der Eheschließung (1875), S. 24 ff., 34 ff., 78 ff. und aus neuerer Zeit v. Amira in ZRG. (germ. Abt.) 31, S. 394 ff., Wadiation (1911), S. 20 ff. und Hübner, Grundzüge des deutschen Privatrechts [2], S. 432 ff.

ein Teil sein Versprechen erfüllt hat, wird der andere Teil kraft des Empfanges der ihm geschuldeten Leistung für das Halten wie für das Erfüllen seines eigenen Versprechens verhaftet." „Der Vorleistende kann das Geleistete nicht zurückfordern, da er ja geleistet hat, was er schuldete"[84].

Es ist v. Gierke gewiß zuzugeben, daß eine Rechtsordnung einen formlos geschlossenen gegenseitigen Vertrag, also zum Beispiel einen solchen Kaufvertrag bezüglich des Eintritts der Haftung so behandeln kann, wie von ihm vorausgesetzt wird[85]. Tut sie dies wirklich, so bildet ein derartiger Vertrag zweifellos einen relevanten Tatbestand, auf dessen Grundlage sich eine Schuldpflicht, wenigstens unter Umständen, entwickeln kann. Hiermit begnügt sich jedoch v. Gierke nicht, er läßt vielmehr aus dem Vertrage für jeden Teil schon sofort eine Schuld im Sinne eines gegenwärtigen Leistensollens entstehen und enthüllt dadurch erst vollständig, wie es mit dem Leistensollen bestellt ist, in dem sich nach seiner Auffassung das Wesen der deutschrechtlichen Schuld erschöpft.

Inwiefern darf und kann man im vorausgesetzten Falle, solange noch keine der beiden Parteien geleistet und dadurch eine Verpflichtung der anderen Partei zur Leistung ausgelöst hat, sagen, daß jede der Parteien leisten soll? Und ist es insbesondere wahr, daß die zuerst leistende Partei durch ihre Vorleistung einem Leistensollen entspricht? In der Schrift über Schuldnachfolge und Haftung versucht v. Gierke seine Charakterisierung der deutschrechtlichen Schuld also zu rechtfertigen[86]: „Spricht man von Sollen nur bei erzwingbarem Rechtsgebot, so

[84] Schuld und Haftung, S. 84; vgl. auch S. 265 ff.

[85] Eine interessante Bestimmung verwandten Charakters enthält das BörsenG. § 57: „Ein nicht verbotenes Börsentermingeschäft gilt als von Anfang an verbindlich, wenn der eine Teil bei oder nach dem Eintritte der Fälligkeit sich dem anderen Teile gegenüber mit der Bewirkung der vereinbarten Leistung einverstanden erklärt und der andere Teil diese Leistung an ihn bewirkt hat." Vgl. bezüglich der nicht verbotenen, aber grundsätzlich unwirksamen Börsentermingeschäfte übrigens noch S. 16 Anm. 37.

[86] S. 42 Anm. 2.

kann man bei einer sogenannten Naturalobligation weder vom Gläubiger sagen, daß er bekommen soll, noch vom Schuldner, daß er leisten soll. Versteht man dagegen unter Sollen jede Determination eines Geschehens als eines solchen, das sich dem Rechte nach ziemt, und somit, wenn es eintritt, als Erfüllung eines Postulates der Rechtsordnung erscheint, so begründet die haftungslose Schuld so gut für den Schuldner ein Leistensollen wie für den Gläubiger ein Bekommensollen." Selbst wenn wir an den uns hier beschäftigenden Sachverhalt diesen bescheidenen Maßstab anlegen, so ist von einem der Leistung der vorleistenden Partei vorangehenden Leistensollen nichts zu entdecken. Dadurch, daß der eine Teil die Vorleistung anbietet und der andere Teil sie annimmt, wird nur die rechtliche Voraussetzung erfüllt, unter welcher eine Verpflichtung des annehmenden Teiles zur Entstehung gelangt. Unzulässig ist es dagegen in betreff des Vorleistenden zu sagen, daß er durch seine Vorleistung einem wenn auch unerzwingbaren Rechtsgebote entsprach[87]. Die denkbar geringste Anforderung, die erfüllt sein muß, wenn von einem Rechtsgebot die Rede sein soll, ist die, daß das Verhalten des das Gebot Nichtbeachtenden sich als ein dem Willen der Rechtsordnung zuwiderlaufendes, d. h. als ein widerrechtliches darstellt. Hiervon kann aber in unserem Falle nicht die Rede sein, und das Vorliegen eines Rechtsgebotes ist daher nicht anzuerkennen. Die Rechtsordnung gebietet keinem der beiden Teile die Vornahme der Vorleistung, sondern stellt sie vielmehr in deren freies Belieben und sie läßt dieses sogar nach der Richtung maßgebend sein, daß die von dem einem Teil angebotene Vorleistung von dem andern Teil ohne weiteres zurückgewiesen werden kann. Sowohl derjenige Teil, welcher das Angebot der Vorleistung unterläßt, als auch derjenige, welcher die ihm angebotene Vorleistung zurückweist, verstößt dadurch nicht gegen ein

[87] Vgl. auch v. Amira, Nordgerm. Obligationenrecht I, S. 336 f. und Grundriß des germanischen Rechts [3], S. 226.

Postulat der Rechtsordnung, sondern verhält sich durchaus dem Rechte gemäß.

In Anwendung des Gesagten auf das heutige Recht ist noch beizufügen, daß auch derjenige, welcher formlos die Eigentumsübertragung eines Grundstücks verspricht, oder ein formloses Schenkungsversprechen macht, oder sich, obschon die Beobachtung einer Form erforderlich wäre, formlos verbürgt, sich dem Rechte gemäß verhält, wenn er die Auflassung des Grundstücks nicht anbietet, das Schenkungsversprechen unerfüllt läßt, den verbürgten Betrag nicht leistet.

Einen Beweis dafür, daß in dem vorher besprochenen Falle des älteren deutschen Rechts der Vorleistung des einen Teils eine Schuld im Sinne des Leistensollens vorangegangen war, glaubt v. Gierke[88] in folgendem Umstand erblicken zu können: Während bei den Innominatkontrakten des römischen Rechts der Vorleistende, solange die Gegenleistung noch nicht erfolgt war, die Möglichkeit hatte, statt diese mit der actio praescriptis verbis zu verlangen, das seinerseits Geleistete mit der condictio causa data causa non secuta wieder zurückzubegehren, war dem Vorleistenden nach deutschem Recht solche Zurückforderung versagt. Den Grund dafür findet v. Gierke darin, daß der Vorleistende ja nur geleistet hatte, was er schuldete, d. h. schon vor seiner Leistung hätte leisten sollen.

Diese auch von anderen beliebte Art der Beweisführung ist schon bei Besprechung der Auffassung von Enneccerus als fehlgehend bezeichnet worden[89]. Zur Bekräftigung des dort Ausgeführten mag noch folgendes hervorgehoben werden. Im heutigen Recht sind die Fälle nicht selten, in denen dem Schuldner eine facultas alternativa zusteht, vermöge deren er sich von der Leistung des Geschuldeten durch Bewirkung einer Leistung befreien kann, die er nicht schuldet. Macht er von dieser facultas Gebrauch,

---

[88] Schuld und Haftung, S. 84 f., insbesondere Anm. 18.
[89] Siehe oben S. 86 f.

so kann er das kraft ihrer Geleistete natürlich nicht mehr zurückfordern. Es sei ferner auf die im heutigen Rechtsleben sehr häufig vorkommenden sogenannten Optionsverträge hingewiesen, die jüngsthin Raape in seiner Schrift über die Wollensbedingung (1913) zum Gegenstand anregender Erörterung gemacht hat[90]. Ein solcher Vertrag liegt zum Beispiel auch vor, wenn jemand sich von einem anderen für den Fall, daß er diesem innerhalb bestimmter Frist einen Gegenstand, zu dessen Leistung er nicht verpflichtet sein will und soll, leistet, eine Gegenleistung versprechen läßt. Selbstverständlich kann der zwecks Erlangung des unbedingten Anspruchs auf die Gegenleistung leistende Versprechensempfänger das Geleistete nicht zurückfordern. Wie in den oben genannten Fällen des heutigen Rechts, so kann also auch in dem von v. Gierke herangezogenen Falle des älteren deutschen Rechts aus der Nichtkondizierbarkeit einer Leistung nicht gefolgert werden, daß dem Leistenden ein rechtliches Sollen zur Vornahme der Leistung oblag.

Unser Ergebnis ist somit, daß v. Gierkes Lehre von der deutschrechtlichen Schuld dogmatisch nicht zu leisten vermag, was ihr Verkünder sich von ihr verspricht. Dagegen zwar, daß v. Gierke mit vielen anderen von einer Schuld ohne Haftung redet, ist kein grundsätzliches Bedenken zu erheben. Kann die Mehrdeutigkeit des Ausdrucks „Schuld" nicht geleugnet und kann insbesondere nicht bestritten werden, daß dieser Ausdruck auch zur Bezeichnung desjenigen üblich ist, wofür gehaftet wird, so gelangt man auf Grund folgender Erwägung auch zur einwandfreien Verwendung des Ausdrucks Schuld ohne Haftung. Es gibt Tatbestände, durch die das Wofür einer eventuellen Haftung, also desjenigen, was jemand eventuell zu leisten haben wird, schon im Voraus für den Fall festgelegt ist, daß der bereits vorhandene Tatbestand noch eine Ergänzung durch ein weiteres Tatbestandsmoment erfährt, an dessen Verwirklichung der Eintritt der Haftung geknüpft ist. Hierher gehört im älteren deutschen

[90] A. a. O. S. 36 ff.

Recht der Fall des formlosen gegenseitigen Vertrags, auf Grundlage dessen es zu einer Haftung erst kommt, nachdem der eine Teil Vorleistung angeboten und der andere Teil sie angenommen hat, und nach heutigem Recht der Fall des § 313 BGB.[91]. Hier kann man unbedenklich das schon jetzt inhaltlich bestimmte Wofür der in Aussicht genommenen Haftung als Schuld ohne Haftung bezeichnen. Unzutreffend ist es jedoch, wenn in die Schuld in diesem Sinne schon ein gegenwärtiges Leistensollen hineingelegt werden will. Richtig ist nur so viel, daß in Fällen dieser Art durch die Festlegung des Wofür einer späteren schuldrechtlichen Haftung für den Fall, daß diese eintritt, natürlich auch festgelegt ist, was der eventuelle Gläubiger zu bekommen uud der eventuelle Schuldner zu leisten haben wird[92]. In Abrede zu stellen ist jedoch das Vorhandensein eines gegenwärtigen Bekommen- und Leistensollens.

Hat man sich mit der Annahme einer Schuld ohne Haftung einmal vertraut gemacht, so wird man unter diese Kategorie aber auch diejenigen Fälle zu bringen haben, in denen der Eintritt einer Haftung zwar ausgeschlossen ist[93], die freiwillige Leistungs-

---

[91] Siehe auch den schon in Anm. 85 berufenen § 57 BörsG.

[92] In ähnlicher Weise kann durch einen rechtlich relevanten Tatbestand die Bestimmtheit des Wofür einer eventuellen Sachhaftung gegeben sein. Hierher gehört der bereits auf S. 16 Anm. 37 erwähnte Fall des § 54 BörsG. Ebenso verhält es sich aber auch in dem von mir (Schuldübernahme, S. 292/62) erwähnten Fall der Hingabe eines Darlehens mit der Beifügung, daß der Geber die Rückzahlung zwar jederzeit annehmen, aber keinesfalls fordern werde, wenn der Empfänger dem Geber später statt der Baarleistung einen (beweglichen) Wertgegenstand, aus dem sich dieser befriedigen möge, übergibt. Die Wirksamkeit der Sicherheitsleistung wird nicht zu bezweifeln sein. Eine Schuldpflicht des Empfängers liegt freilich nach der Sicherheitsleistung ebensowenig vor, als eine solche vorher vorlag. Das Vorhandensein einer Schuldpflicht hatte ich aber auch in meiner Schuldübernahme niemals behauptet (wie ich Siber, S. 29 gegenüber feststellen muß). Schuld im Sinne der Bestimmtheit des Wofür der Haftung ist eben etwas ganz anderes als Schuld im Sinne von Schuldpflicht. Es braucht kaum noch beigefügt zu werden, daß dem Geber im vorausgesetzten Falle ein Gläubigerrecht erst aus der ihm bestellten Sicherheit erwächst.

[93] Zurückhaltender noch meine Schuldübernahme, S. 291/61.

bewirkung hinsichtlich des Behaltendürfens des Empfängers aber trotzdem als Erfüllung einer Verbindlichkeit behandelt wird[94]. Eine rechtserhebliche Leistungsbestimmtheit besteht auch hier. Von Bedeutung ist sie aber nur nach der soeben bezeichneten Richtung, also nur in sehr beschränktem Maße. Ein Gebot zur Vornahme der Leistung läßt die Rechtsordnung nicht ergehen und in der Unterlassung der durch ein rechtliches Sollen nicht geheischten Leistung liegt auch nicht ein dem Rechte zuwiderlaufendes Verhalten[95].

---

[94] Daß das Gesetz selbst den Ausdruck Schuld in diesem Sinne verwendet, beweist § 762 Abs. 2, wo von „Spiel"- bezw. „Wettschuld" die Rede ist.

[95] Aus dem schon weiter oben angegebenen Grunde kann in den hierher gehörenden Fällen auch von einem unerzwingbaren Rechtsgebote nicht die Rede sein. Rechtsgebote dieser Art spielen besonders auf dem Gebiete des Völkerrechts und des Staatsrechts eine nicht unwichtige Rolle. Die Rechtsordnung ist hier mitunter genötigt, auf die Anwendung eines normalen Rechtszwanges völlig zu verzichten, sei es, weil es ihr an den dazu erforderlichen Machtmitteln fehlt, sei es, weil die an sich mögliche Ausübung eines Rechtszwanges die Autorität öffentlicher Gewalten untergraben würde. Trotzdem heischen solche Rechtsgebote von denjenigen, welche sie angehen, schlechthin Befolgung und wird ihre Nichtbeachtung von Seiten der Rechtsordnung als Widerrechtlichkeit gebrandmarkt. Die praktischen Folgen einer derartigen Widerrechtlichkeit sind daher auch unabsehbar. Auf dem Gebiete des Völkerrechts veranlaßt das völkerrechtswidrige Verhalten des einen Staates nicht selten die Kriegserklärung von Seiten des anderen Staates, die dann völkerrechtlich als gerechtfertigt erscheint. Auf dem Gebiete des Staatsrechts haben es die Parlamente in der Hand, durch Anwendung der in den Verfassungen vorgesehenen Mittel die entsprechende Remedur zu schaffen. Ein nicht erzwingbares privatrechtliches (aber nicht schuldrechtliches) Rechtsgebot enthält BGB. § 1353, wo ausgesprochen ist, daß Ehegatten einander zu ehelicher Lebensgemeinschaft verpflichtet sind. Zeigt sich das Vorhandensein einer Rechtspflicht auch darin, daß im Falle ihrer Verletzung geklagt und eine Verurteilung des Verklagten auf Herstellung des ehelichen Lebens erwirkt werden kann, so ist doch eine hierauf gerichtete Zwangsvollstreckung aus guten Gründen ausgeschlossen (ZPO. § 888 Abs. 2). Die große Bedeutung der bezeichneten Pflicht als Rechtspflicht tritt aber dann wieder darin hervor, daß nach Maßgabe von BGB. §§ 1567, 1568 wegen böslicher Verlassung bezw. wegen schwerer Verletzung der durch die Ehe begründeten Verpflichtungen auf Scheidung geklagt werden kann. Von ganz anderer Art als die soeben erwähnten Fälle sind die Fälle des Textes. Man stellt sich mit dem Gesetz in Widerspruch, wenn man auch bei ihnen von einem zwar unerzwingbaren, aber doch schlechthin Befolgung heischenden

Den Ausnahmefällen der Schuld ohne Haftung stehen die Regelfälle der Schuld mit Haftung gegenüber. Wie bei jener Wendung, darf man aber auch bei dieser den Ausdruck Schuld nicht im Sinne von Schuldpflicht verstehen. Denn die Schuldpflicht als das auf schuldrechtlicher Haftung beruhende Leistensollen kann nicht zugleich etwas sein, wozu die Haftuug erst hinzutritt.

Was hat man sich aber dann unter der Schuld, für welche gehaftet wird, und deren Wesen nach v. Gierke durch den Hinzutritt der Haftung keine Änderung erfährt, zu denken? Die Antwort kann vom Standpunkt v. Gierkes nur lauten: Das Leistensollen. Hiernach hätte man es also bei der Schuld mit Haftung mit einem doppelten Leistensollen zu tun: mit dem auf der schuldrechtlichen Haftung beruhenden Leistensollen (= Schuld im Sinne von Verpflichtung, Schuldpflicht, Obligation) und mit dem von der Haftung unabhängigen und durch deren Hinzutritt in seinem Wesen

Rechtsgebot und einer diesem entsprechenden, der freiwilligen Leistung vorhergehenden Rechtspflicht redet. Besteht aber keine Rechtspflicht zur Leistung, so darf auch nicht von einem rechtlichen Sollen geredet werden. Auch auf dem Gebiet des Schuldrechts kommt es zwar vor, daß die Rechtsordnung Rechtspflichten aufstellt, bezüglich deren sie einen direkten Zwang zur Erfüllung versagt. So verhält es sich nach ZPO. § 888 Abs. 2 im Falle der Verurteilung zur Leistung von Diensten aus einem Dienstvertrag. Eine Rechtspflicht zur Leistung liegt trotzdem vor. Denn der Dienstpflichtige ist wegen der von ihm zu vertretenden Nichtleistung der ihm obliegenden Dienste verantwortlich und daher schadensersatzpflichtig. Wo die Rechtsordnung dagegen jemanden — wie in den Fällen des Textes — wegen Nichtbewirkung einer Leistung in keiner Weise verantwortlich macht und diese Nichtbewirkung nicht einmal als widerrechtlich stigmatisiert, bedeutet die Verwendung der Ausdrücke Rechtspflicht und rechtliches Leistensollen einen Mißbrauch der Sprache. Nicht unbeachtlich dürfte folgende Erscheinung sein: Wenn ein Dritter ein von jemand formlos gemachtes Schenkungsversprechen oder dessen Spielschuld erfüllt, so kann derjenige, für welchen in dieser Weise geleistet wurde, die Zumutung, daß er sich in Ansehung des Geleisteten als vom Leistenden beschenkt betrachte, natürlich zurückweisen (BGB. § 516). Erfolgt diese Zurückweisung, so ist aber gegen ihn, dafern feststeht, daß er sich zur Bewirkung der Leistung keinesfalls veranlaßt gesehen haben würde, auch nicht ein Anspruch auf Herausgabe einer ungerechtfertigten Bereicherung begründet.

unberührt bleibenden Leistensollen (= der deutschrechtlichen Schuld v. Gierkes). Allein es ist unverständlich, wozu wir neben jenem rechtlichen Leistensollen dieses zweite Leistensollen überhaupt brauchen. Bei der Schuld ohne Haftung haben wir ein solches Leistensollen nicht zu finden vermocht. Ist es aber bei ihr nicht vorhanden, so kann es als etwas von der Haftung Unabhängiges auch in der Schuld mit Haftung nicht enthalten sein. Die deutschrechtliche Schuld v. Gierkes bewährt sich also nach keiner Richtung.

Durch die gegen die Konstruktion v. Gierkes gerichteten Ausführungen bleibt jedoch unerschüttert, daß der Ausdruck Schuld neben der Bedeutung, zufolge deren sie das auf schuldrechtlicher Haftung beruhende Leistensollen ist, noch eine andere Bedeutung hat. Die denkbar weiteste Begriffsbestimmung der Schuld in diesem anderen Sinne ist gegeben, wenn wir sie als einen in rechtserheblicher Weise bestimmten und jemandem in eventuelle Aussicht gestellten Erfolg bezeichnen, der regelmäßig direkt oder indirekt durch Haftung bereits gesichert oder doch einer solchen nachträglichen Sicherung fähig ist, dessen Bestimmtheit im Falle der freiwilligen Herstellung des Erfolges ein gewisses Maß rechtlicher Bedeutung aber selbst dann zukommt, wenn der Eintritt einer Haftung für den Erfolg durch die Rechtsordnung ausgeschlossen ist[96]. Schon der primär in Aussicht genommene Erfolg[97] ist regelmäßig so geartet, daß er durch eine Leistung bestimmten Inhalts verwirklicht werden kann. Wo dies ausnahmsweise nicht zutrifft, gilt es aber doch für den sekundären Erfolg, der für den Fall in Aussicht genommen ist, daß der primäre Erfolg nicht eintritt. An die Bewirkung der bezeichneten Leistung knüpft sich bei jeder Schuld mit Haftung — und von einer solchen darf man nach Maßgabe

---

[96] Obschon die Darlegung des Textes mehrfach an germanistische Auffassungen anknüpft und sie zu verwerten sucht, so dürften sich doch zwischen ihr und der Auffassung selbst derjenigen Germanisten, denen ich am nächsten zu stehen glaube, vielleicht noch manche Differenzen ergeben. Sie scheinen mir aber Ausgleichung nicht auszuschließen.

[97] Vgl. hierzu oben S. 24 f.

des festgestellten Sprachgebrauchs auch bei bloßer Sachhaftung[98] reden — die bedeutsame Folge, daß durch sie die Haftung gelöst wird.

Handelt es sich um ein echtes Schuldverhältnis, zufolge dessen der Schuldner dem Gläubiger in Ansehung einer zu erbringenden Leistung schuldrechtlich haftet, so tritt uns sofort die Doppelbedeutung des Ausdrucks Schuld entgegen. Denn wenn man mit Bezug auf ein solches Verhältnis von Schuld spricht, so kann man dabei zunächst an die Schuld im Sinne von Schuldpflicht, also an das auf schuldrechtlicher Haftung beruhende Leistensollen des Schuldners denken oder aber an die Schuld im Sinne des Wofür der Haftung, was man umschreibend auch als dasjenige bezeichnen kann, wozu der Schuldner dem Gläubiger verpflichtet ist und was demgemäß der Gläubiger vom Schuldner zu fordern hat (id quod debetur).

Da die Vertreter der Sukzessionstheorie bei der Schuldübernahme nun unter der Schuld, in welche der neue Schuldner angeblich sukzedieren soll, das auf der konkreten schuldrechtlichen Haftung beruhende Leistensollen gewiß nicht verstehen, so kann für sie als Gegenstand der Sukzession nur mehr die Schuld in der festgestellten zweiten Bedeutung in Betracht kommen. Denn jeder Versuch innerhalb des Schuldverhältnisses im Sinne des § 241 eine Schuld zu konstruieren, die weder das auf der schuldrechtlichen Haftung beruhende Leistensollen, noch das Wofür der Haftung ist, hat sich als unmöglich erwiesen.

VI.

Das endgültige Urteil über die Sukzessionstheorie hängt jetzt nur mehr davon ab, ob der durch das zwischen dem Altschuldner und dem Gläubiger bestehende Schuldverhältnis gegebene Inhalt der jenem obliegenden Leistung etwas ist, in was überhaupt suk-

---

[98] Fehlt es bei bloßer Sachhaftung auch an einer Schuld im Sinne von Schuldpflicht, so liegt bei ihr doch eine Schuld in dem hier dargelegten Sinne vor. Der Ausdruck Grundschuld ist daher unbedenklich.

zediert werden kann. Es ist unzweifelhaft und unbezweifelt, daß eine Sukzession im technischen Sinne nur in Rechtsverhältnisse stattfinden kann. Nicht minder zweifellos ist aber, daß ein bestimmter Leistungsinhalt, so bedeutungsvoll er innerhalb eines Rechtsverhältnisses nach verschiedenen Richtungen hin sein kann, für sich allein niemals ein Rechtsverhältnis ist, sondern immer nur eine der Voraussetzungen und somit in keinem Falle die einzige Voraussetzung für das Dasein eines Rechtsverhältnisses bildet. Dies gilt ausnahmslos für alle Fälle, in denen die Bestimmtheit einer Leistung rechtlich beachtlich ist. Eine Schuldpflicht hat zwar Bestimmtheit (oder doch wenigstens Bestimmbarkeit) der geschuldeten Leistung zur unumgänglichen Voraussetzung. Das in § 241 bezeichnete Rechtsverhältnis (Schuldverhältnis) kommt aber nur zur Entstehung, wenn zugleich auch die Voraussetzung dafür gegeben ist, daß für die Leistung schuldrechtlich gehaftet wird. Nicht anders verhält es sich mit dem Bestimmtsein der Leistung, durch welche eine Sachhaftung gelöst werden kann. Sie hat rechtliche Bedeutung nur innerhalb einer bereits bestehenden Sachhaftung oder innerhalb einer Rechtslage, durch die sich der Eintritt einer Sachhaftung wenigstens vorbereitet[99]. In den Fällen der sogenannten Naturalobligationen muß außer der Bestimmtheit der Leistung auch ein Sachverhalt vorliegen, der die Rechtsordnung veranlaßt, an die freiwillige Leistung die in den §§ 656, 762 u. a. bestimmte Wirkung zu knüpfen. Soll ferner die in den §§ 313, 518, Abs. 2, 766 Satz 2 vorgesehene Wirkung eintreten, so muß die inhaltlich bestimmte Leistung doch formlos versprochen gewesen sein.

Die rechtliche Natur der Schuldübernahme bringt es mit sich, daß diese nur praktisch werden kann, wenn sie an ein echtes Schuldverhältnis im Sinne des § 241 anknüpft. Kommt sie

[99] Man denke z. B. an den Fall, daß der Eigentümer eines Grundstücks einem anderen eine den Anforderungen der GBO. entsprechende Urkunde ausgehändigt hat, laut deren er diesem die Eintragung einer Grundschuld von bestimmter Höhe bewilligt.

wirklich zustande, so tritt bei der kumulativen Schuldübernahme neben die schuldrechtliche Haftung und das auf ihr beruhende Leistensollen des Altschuldners die neu begründete schuldrechtliche Haftung und das ihr entsprechende Leistensollen des Neuschuldners, während bei der privativen Schuldübernahme jene Haftung (jenes Leistensollen) durch diese Haftung (dieses Leistensollen) ersetzt wird. Rechtliche Bedeutung für das Verhältnis zwischen dem Gläubiger und dem Übernehmer erhält also der Inhalt der vom Altschuldner geschuldeten Leistung nur dadurch, daß er in den Schuldübernahmevertrag als das Wofür der Haftung aufgenommen ist. Abgesehen von dieser neu begründeten und somit nicht durch Sukzession vermittelten schuldrechtlichen Haftung des Neuschuldners besteht zwischen dem Neuschuldner uud dem Gläubiger überhaupt kein selbständiges Rechtsverhältnis und kann ein solches daher auch nicht im Wege der Sukzession vom Altschuldner auf den Neuschuldner übergegangen sein.

Zwecks vollständiger Klärung mag übrigens noch ein Blick auf verwandte Erscheinungen geworfen werden. Wir ziehen zunächst das Vorkaufsrecht heran. Gibt der Vorkaufsberechtigte die in § 505 BGB. vorgesehene Erklärung ab, so kommt dadurch der Kaufvertrag zwischen ihm und dem Vorkaufsverpflichteten nach Maßgabe der zwischen diesem und dem Dritten vereinbarten Bestimmungen zustande. Hiernach hat also insbesondere auch die Kaufpreisverpflichtung des Vorkaufsberechtigten den diesen Bestimmungen entsprechenden Inhalt. So wenig als dieser Vorgang ungeachtet der Herübernahme des Verpflichtungsinhalts aus dem Kaufvertrag zwischen dem Vorkaufsverpflichteten und dem Dritten in den Kaufvertrag zwischen jenem und dem Vorkaufsberechtigten zu seiner Erklärung der Annahme einer Schuldsukzession bedarf oder sie auch nur verträgt, so wenig trifft die analoge Annahme bei der Schuldübernahme zu.

Mit der kumulativen Schuldübernahme berührt sich der dem deutschrechtlichen „Geloben zum Pfande" [100] entsprechende Fall,

[100] Darüber Puntschart, Schuldvertrag und Treugelöbnis, S. 463 ff.

daß der Eigentümer eines mit einer Grundschuld belasteten Grundstücks durch Vertrag mit dem Gläubiger auch die persönliche Haftung übernimmt. Der privativen Schuldübernahme stehen dagegen wieder die Fälle nahe, in denen nach § 1001 BGB. an Stelle der bloßen Sachhaftung für die vom Besitzer auf die Sache gemachten Verwendungen von Rechts wegen die schuldrechtliche Haftung des Eigentümers und dann unter Umständen an Stelle dieser wieder die bloße Sachhaftung tritt[101]. Die genannten Gestaltungen sind so beschaffen, daß der Gedanke einer Sukzession bei ihnen nicht einmal auftauchen kann. Der Rückschluß auf die Schuldübernahme wird besonders dann zwingend, wenn man sich diese als zwischen dem beschränkt haftenden Erben und dem Nachlaßverwalter der erworbenen Erbschaft in Ansehung einer Nachlaßverbindlichkeit oder in Ansehung einer Erbenverbindlichkeit vorgenommen denkt. Mit einer Sukzession haben offenbar auch diese Vorgänge nichts zu schaffen[102], und da sie alle wesentlichen Merkmale der kumulativen bezw. privativen Schuldübernahme an sich tragen, gilt dasselbe für die Schuldübernahme überhaupt. Die bei der privativen Schuldübernahme eintretende Veränderung soll schließlich noch mit der dadurch eintretenden Veränderung verglichen werden, daß eine auf dem Grundstück x lastende Grundschuld kraft des Willens der Beteiligten durch die Belastung des Grundstücks y mit einer Grundschuld gleichen Inhalts ersetzt wird. Hinsichtlich dieses Falles kann die Beurteilung nach keiner Richtung zweifelhaft sein. Es wird allge-

[101] Dazu meine Schuldübernahme, S. 301/71.

[102] In den vorausgesetzten Fällen der Schuldübernahme war der Erbe schon vor deren Vornahme Schuldner, tritt aber hinsichtlich seiner Schuldnerschaft infolge der Schuldübernahme folgende Veränderung ein. Bei kumulativer Schuldübernahme entsteht zu Lasten des Erben neben dem ihn auf Grund seiner bisherigen schuldrechtlichen Haftung treffenden Leistensollen ein auf neuer schuldrechtlicher Haftung beruhendes zweites Leistensollen und bei privativer Schuldübernahme wird das auf der bisherigen schuldrechtlichen Haftung beruhende Leistensollen des Erben durch ein auf neuer schuldrechtlicher Haftung beruhendes Leistensollen ersetzt. Die Sukzessionstheorie steht diesen Vorgängen hilflos gegenüber.

mein anerkannt, daß die Entlastung des Grundstücks x und die Belastung des Grundstücks y nicht durch einen Sukzessionsvorgang vermittelt wird und daß somit auch das Recht des Gläubigers an dem Grundstück y ein anderes ist, als welches er früher an dem Grundstück x hatte. Der hier durchschlagende Grundgedanke greift auch bei der Schuldübernahme durch.

Klar ist freilich folgender Unterschied: Bei der Ersetzung der auf dem Grundstück x lastenden Grundschuld durch eine Grundschuld gleichen Inhalts an dem Grundstück y handelt es sich darum, ob das dingliche Recht des Gläubigers aus der Sachhaftung dasselbe bleiben kann, wenn dem ursprünglichen Gegenstand dieser Haftung rechtsgeschäftlich ein anderer substituiert wird. Bei der Schuldübernahme kann hierauf natürlich nicht abgestellt werden, da die schuldrechtliche Haftung und das auf ihr beruhende Recht des Gläubigers keinen sachenrechtlichen Charakter hat. Trotzdem ist das gläubigerische Recht wie bei der Sachhaftung, so auch bei der schuldrechtlichen Haftung durch den Entstehungsgrund der Haftung und damit zugleich durch dasjenige Womit der Haftung individualisiert, worauf sich diese vermöge ihres Entstehungsgrundes und der an ihn von Rechts wegen sich anknüpfenden weiteren Entwickelung überhaupt zu erstrecken vermag[103]. Innerhalb dieses Rahmens kann das Womit der Haftung mannigfache Veränderungen erfahren, ohne daß das Gläubigerrecht seinem Wesen nach hierdurch geändert wird. Zuzugeben ist freilich wieder, daß solche Veränderungen bei der schuldrechtlichen Haftung in viel stärkerem Maße möglich sind als bei der eine bestimmte Sache dinglich ergreifenden Sachhaftung. Eine bloße Änderung innerhalb des bezeichneten Rahmens liegt dagegen nicht mehr vor, wenn an Stelle der schuldrechtlichen

---

[103] Der entscheidende Punkt dabei ist, daß der Gläubiger durch den Entstehungsgrund seiner Forderung und der dieser gegenüberstehenden Schuldpflicht zum Vermögen desjenigen, zu dessen Lasten die Schuldpflicht entstanden ist, in bestimmte, sein Recht individualisierende Beziehung gesetzt ist. Weiteres hierüber vgl. unten S. 110 ff.

Haftung des bisherigen Schuldners zufolge Rechtsgeschäfts die schuldrechtliche Haftung eines anderen begründet wird.

Für das römische Recht besteht kein Streit darüber, daß der die Haftung des bisherigen Schuldners ersetzenden Haftung eines neuen Schuldners eine nova obligatio entspricht. Dies wird selbst von denjenigen Schriftstellern anerkannt, welche wie v. Salpius[104], Danz[105] und Wendt[106] das Wesen der heutigen Schuldübernahme schon in der römischen titulierten Novation[107] mit Schuldnerwechsel ausgeprägt finden. Besonders deutlich spricht sich in dieser Beziehung v. Salpius aus. Er definiert die Novation als „Tilgung (= „Aufhebung" a. a. O. S. 336) einer Obligation durch Eingehung einer neuen von gleichem Inhalt" (S. 493). Trifft dies schon für die Novation ohne Personenwechsel und für die Novation mit Gläubigerwechsel zu, so leuchtet doch die Notwendigkeit der Annahme einer nova obligatio ganz besonders bei der Novation mit Schuldnerwechsel ein, wo an die Stelle der schuldrechtlichen Haftung des Altschuldners die des Neuschuldners tritt[108].

Zu derselben Auffassung drängt die Entwicklung des deutschen Rechts. Wenn zwischen A und B der Inhalt einer von diesem in Aussicht gestellten Leistung derart festgelegt war, daß sich daran eine Haftung, obschon eine solche zunächst nicht eintrat, doch wenigstens anknüpfen konnte, nnd wenn hierauf der C in An-

---

[104] Novation und Delegation, S. 507 ff.

[105] Vgl. besonders dessen Ausführungen im ZivArch. 74, S. 292.

[106] Das allgemeine Anweisungsrecht, S. 268 ff.

[107] Über das Verhältnis der Schuldübernahme zur Novation vgl. meine Schuldübernahme S. 388 ff./158 ff. und jetzt die verwandten Ausführungen v. Tuhrs, S. 229.

[108] Wenn die im Texte genannten Schriftsteller bei der Novation mit Schuldnerwechsel trotzdem von einer Passivsukzession reden, so gebrauchen sie dabei den Ausdruck Sukzession in einem von der herrschenden Auffassung völlig abweichenden Sinne. Denn sie führen die nova obligatio nur insofern auf Sukzession zurück, als sie hinsichtlich des geschuldeten Leistungsinhalts mit der prior obligatio übereinstimmt. Vgl. gegen diese Verwendung des Sukzessionsbegriffs besonders Unger in Iherings J. 16, S. 399 ff.

sehung jener Leistung mit A einen auf Herbeiführung seiner Vermögenshaftung gerichteten Haftungsvertrag abschloß, so wurde er hierdurch zunächst nicht Schuldner, sondern bloßer Hafter. Einen zur Bewirkung der Leistung Verpflichteten gab es dabei überhaupt nicht. Die Entwicklung schritt aber bald hierüber hinaus. Schon frühzeitig begegnen wir im deutschen Rechtsleben Haftungsverträgen, laut deren der sein Vermögen für die Verwirklichung des zwischen A und B vereinbarten Schuldinhalts Einsetzende die Schuld zugleich als Selbstschuldner gelobte. Die Auffassung, daß das Recht des A eine Richtung gegen den C erhalten habe, weil C in Ansehung der Schuld des B dessen Sukzessor geworden sei, ist offenbar ausgeschlossen. Denn gegen den B hat und hatte A überhaupt kein Recht und was ihm an Recht zukommt, erlangt er vielmehr erst durch den mit dem C geschlossenen Haftungsvertrag. Rundweg abzuweisen ist aber auch die Annahme, daß zu Lasten des C doch wenigstens eine Sukzession in die haftungslose Schuld des A vorliege. Indem der C in Ansehung des zwischen A und B vereinbarten Leistungsinhalts seine Selbstschuldnerschaft gelobt, bestimmt er vielmehr das Wofür seiner Haftung wesentlich anders, als es ohne dieses Gelöbnis beschaffen sein würde. Ihm zufolge haftet C nämlich für die in Frage kommende Leistung nicht als bloßer Garant dafür, daß B leisten werde, sondern als ein solcher, der selbst zu leisten hat und trifft ihn aus diesem Grunde, und nicht wegen einer vermeintlichen Sukzession in die haftungslose Schuld, die dem Wofür der Haftung entsprechende Schuldpflicht.

Nimmt man an, daß zwischen A und B nicht bloß ein Schuldinhalt vereinbart war, sondern daß B dem A in Ansehung desselben auch haftete, und daß C hierauf dem A die Schuld als ein neben dem B haftender Selbstschuldner gelobt, so hat dieses Gelöbnis hier keine andere Bedeutung als im vorher erwähnten Falle. Wie sich uns dort die Unterstellung einer Schuldsukzession als ebenso überflüssig als unverständlich erwies, so gelangen wir hier zum gleichen Urteil. Beide Fälle unterscheiden sich nur dadurch, daß in jenem überhaupt nur der C nicht auch der B schuldrechtlich haftet, während in diesem die Haftung des C neben die des B tritt. Nicht die geringste Verschiedenheit besteht dagegen hinsichtlich des Grundes der Selbstschuldnerschaft des C. Sie beruht wie dort so auch hier lediglich auf dessen Gelöbnis und irgend ein anderes als das durch dieses Gelöbnis geschaffene Rechtsverhältnis des C zum A ist nicht erweislich.

Zweifelhaft ist, ob die deutschrechtliche Entwicklung schon vor ihrer Beeinflussung durch das römische Novationsrecht zu einem Schuldübernahmevertrag im Sinne des § 414 BGB., d. h. zur Anerkennung eines Vertrags zwischen Übernehmer und Gläubiger gelangt war, zufolge dessen jener ohne weiteres an Stelle des sofort befreiten Altschuldners tritt. Es hat große Wahrscheinlichkeit für sich, daß der Vertrag zwischen Gläubiger und Übernehmer zunächst zu einer kumulativen Haftung des Übernehmers neben dem Altschuldner führte und daß sich hieran erst ein besonderer zwischen dem Gläubiger und dem Altschuldner vereinbarter Expromissionsvertrag anschloß [109]. Ein grundsätzliches Hindernis, das die mit dem Vertrag zwischen Gläubiger und Übernehmer sich unmitelbar verknüpfende Befreiung des Altschulders ausgeschlossen hätte, ist jedoch nicht erfindlich. Sollte das Vorkommen von mit dieser Wirkung ausgestatteten Verträgen durch das zum großen Teil noch nicht durchforschte Urkundenmaterial nachgewiesen werden können, so würde dies unser Urteil bezüglich der Sukzessionsfrage nicht beeinflussen. Muß sie für den Fall der zunächst zu kumulativer Haftung führenden Schuldübernahme mit daran sich anschließender vertragsmäßiger Befreiung des Altschuldners verneint werden, so kann die Entscheidung auch dann nicht anders lauten, wenn die Befreiungswirkung unmittelbar an den Übernahmevertrag geknüpft ist. Auch bei dieser Gestaltung hat die schuldrechtliche Verpflichtung des Neuschuldners im Schuldübernahmevertrag ihren selbständigen Entstehungsgrund.

---

[109] S. darüber oben S. 71.

Nun wird freilich nach einer seit Windscheid und Gürgens fast tralatizisch gewordenen Formel ein tiefgreifender Unterschied zwischen römischem und deutschem Schuldrecht gerade darin gefunden, daß die in jenem nur bei der erbrechtlichen Universalsukzession zur vollen Anerkennung gelangte Nachfolge in die passive Seite der Obligation durch dieses weit über das römische Recht hinaus zur Geltung gebracht wurde. Der so gefaßten Formel kann aber auch von dem hier vertretenen Standpunkte aus unbedenklich beigetreten werden, ohne daß von dem bisher Gesagten auch nur das Geringste zurückgenommen zu werden braucht. Die nachweisbaren Fälle deutschrechtlicher Sukzession in die passive Seite der Obligation sind nämlich durchaus so geartet, daß bei ihnen der Übergang des den Gläubigern des bisherigen Schuldners haftenden und durch diesen Übergang nicht haftungsfrei werdenden Vermögens das Medium bildet[110], vermöge dessen die Ansprüche der Gläubiger eine Richtung gegen den Erwerber des übergegangenen Vermögens erlangen und dieser somit ihr Schuldner wird.

Es ist das unzweifelhafte Verdienst Berthold Delbrücks, diesen bedeutsamen Grundgedanken des deutschen Schuldrechts klar herausgearbeitet zu haben. Eine Abirrung vom richtigen Wege war es dagegen, wenn Delbrück in der rechtsgeschäftlichen Schuldübernahme eine jenen Fällen verwandte Erscheinung erblicken und nach deren Muster juristisch erfassen zu können glaubte. Delbrücks Gedankengang scheint folgender gewesen zu sein: Geht das Vermögen des bisherigen Schuldners auf Grund eines Rechtsgeschäfts unter Lebenden auf einen neuen Erwerber über, so haftet dieser nach deutscher Rechtsauffassung — unbeschadet der fortdauernden Haftung des Veräußerers — mit dem erworbenen Vermögen von Rechts wegen für die zur Zeit des Vermögensüberganges begründeten Ansprüche der Gläubiger. Delbrück

---

[110] Dazu Delbrück a. a. O. S. 72.

ist es nun wesentlich darum zu tun, dem Gläubiger auch im Falle der zwischen dem Altschulder und dem Übernehmer vereinbarten Schuldübernahme schon auf Grund dieser — unbeschadet der fortdauernden Haftung des Altschuldners — einen gegen den Übernehmer sich richtenden Anspruch zu gewähren. Den Vergleichungspunkt zwischen dieser Art der Schuldübernahme und der Veräußerung eines mit Schulden belasteten Vermögens glaubte aber Delbrück darin zu finden, daß auch der seine Schuld auf einen anderen „übertragende" Altschuldner eine Vermögensveräußerung vornehme, indem er seine bisherige Schuld dem Übernehmer gegenüber aus seinem Passivvermögen ausschalte und diesen hierdurch in Ansehung der übernommenen Schuld zu seinem Sukzessor mache. Vom Standpunkt der Interessenabwägung aus schien ihm diese Entscheidung um so unbedenklicher zu sein, als der Gläubiger ungeachtet des von ihm gegen den Übernehmer erlangten neuen Anspruchs von seinem Rechte gegen den Altschuldner nichts einbüßt.

Läßt die Frage nach dem Einfluß einer lediglich zwischen dem Altschuldner und dem Übernehmer vereinbarten Schuldübernahme auf die Stellung des Gläubigers auch sehr verschiedene Lösungen zu und muß sogar zugegeben werden, daß sich die von Delbrück versuchte praktische Behandlung unter bestimmten Voraussetzungen als brauchbar erweisen kann[111], so war doch die Verkoppelung der rechtsgeschäftlichen Schuldübernahme mit der Vermögensübernahme völlig verfehlt. In gleicher Weise hat übrigens über die von Delbrück unternommene Konstruktion der Schuldübernahme schon Gürgens geurteilt. Die von ihm geübte Kritik ist noch heute beachtlich und soll deshalb wörtlich wiedergegeben werden:

„Wir gestehen nun — so führt Gürgens in Iherings J. 8, 255 f. aus — Delbrück zu, daß dem deutschen Recht die

---

[111] So knüpfte der § 41 des preuß. EigentumserwerbsG. vom 5. Mai 1872 zweifellos an Delbrück'sche Gedanken an, und wurden verwandte Gesichtspunkte auch neuestens wieder in den Verhandlungen des 31. Deutschen Juristentages vertreten. Vgl. mein Referat in Bd. III, S. 136 ff.

Auffassung der Schuld als eines Rechtsverhältnisses des Gläubigers zum Vermögen des Schuldners nicht fremd ist, denn wenn eine Jahrhunderte alte Praxis, wie Delbrück nachgewiesen hat, in allen Fällen, wo jemand eine Erbschaft oder ein ganzes Vermögen unter Lebenden auf einen anderen überträgt, den Gläubigern des Veräußerers eine direkte Klage gestattet hat, so zeigt sich auch unseres Erachtens darin ein Zug deutscher Rechtsanschauung, durch die Schuld den Gläubiger nicht nur zu der Person des Schuldners sondern auch zu seinem Vermögen in ein Rechtsverhältnis zu setzen, — das müssen wir aber leugnen, daß die Schuld in diesem Sinne von dem Vermögen, auf dem sie lastet, lösbar ist und zum Gegenstande des Verkehrs werden konnte. Eine solche Übertragung der Schuld von dem verhafteten Vermögen auf ein anderes fände im ganzen Rechtsgebiet keine Analogie."

Hiermit trifft Gürgens allerdings den Kern der Sache. Was er darlegt, ist aber nicht nur Delbrück sondern auch den Versuchen aller anderen Schriftsteller gegenüber beweisend, die den bei der rechtsgeschäftlichen Schuldübernahme sich abspielenden Vorgang durch Unterstellung einer Singularsukzession in die Schuld erklären zu können glauben. Da zu der vordersten Reihe dieser Schriftsteller Gürgens selbst gehört, so enthält dessen Abweisung der Lehre Delbrücks zugleich eine Selbstwiderlegung.

Wird einmal anerkannt — und dieser Anerkennung kann sich heute niemand mehr entziehen — daß der Gläubiger nach deutscher Rechtsauffassung infolge des ein echtes Schuldverhältnis, d. i. eine Schuldpflicht, begründenden Tatbestandes nicht nur zur Person des Schuldners sondern auch zu dessen Vermögen in rechtliche Beziehung gesetzt wird, muß zugegeben werden, daß diese Beziehung insofern noch stärker ist als jene, als sie auch nach Ablösung des Vermögens von der Person des ursprünglichen Schuldners fortdauert und durch ihre bloße Fortdauer dem neuen Erwerber des Vermögens die Schuldnerschaft aufbürdet, und ist hiernach auch als festgestellt zu erachten, das jedes der Anforderung des § 241 BGB. entsprechende Schuldverhältnis durch die für den Gläubiger kraft des schuldbegründenden Tatbestandes eintretende Rechtsbeziehung zum Vermögen des Schuldners sein individuelles Gepräge erhält, so fällt damit die Möglichkeit, die Schuldübernahme, d. i. einen Vorgang, durch den die rechtliche Beziehung des Gläubigers zum Vermögen seines bisherigen Schuldners vollständig gelöst wird, unter den Gesichtspunkt der Schuldsukzession zu bringen, in sich zusammen.

Die Sukzessionstheorie bei der Schuldübernahme ist also nicht nur mit dem römischen Obligationsbegriff unvereinbar, sondern steht zugleich in einem unüberbrückbaren Gegensatz zu dem deutschrechtlichen Grundgedanken der Verknüpfung der Schuldpflicht mit dem schuldnerischen Vermögen. Als schwächliches Produkt der in der Mitte des vorigen Jahrhunderts herrschenden Pandektendoktrin erweist sie sich als unbrauchbar, sobald die von dieser nicht hinreichend beachtete schuldrechtliche Haftung in ihrer vollen Bedeutung richtig erkannt wird.

VII.

Aus wesentlich denselben Gründen wie bei der Schuldübernahme muß eine Schuldsukzession auch im Falle der §§ 571 ff. BGB. und in dem des § 1251 Abs. 2 BGB. als ausgeschlossen betrachtet werden. Während bei der Schuldübernahme die schuldrechtliche Haftung des Altschuldners zufolge eines darauf gerichteten Rechtsgeschäfts durch die schuldrechtliche Haftung des Neuschuldners ersetzt wird, treten die in den genannten Paragraphen bezeichneten Rechtsfolgen ohne Rücksicht auf den Parteiwillen kraft gesetzlicher Vorschrift ein. Mit der Schuldübernahme haben aber die erwähnten Fälle gemein, daß die Schuldpflicht des Neuschuldners auf einer neuen schuldrechtlichen Haftung und somit nicht auf einer Sukzession in die Schuldpflicht des Altschuldners beruht. Gegen die Annahme einer Schuldsukzession spricht sich in diesen Fällen übrigens auch schon die weitaus überwiegende

Lehre aus[112], so daß es überflüssig wäre, hierbei noch länger zu verweilen.

An eine Schuldsukzession ist ferner nicht zu denken bei der Bestimmung des BGB. § 1108 Abs. 1, zufolge deren der Eigentümer des Grundstücks für die während der Dauer seines Eigentums fällig werdenden Reallastleistungen, soweit nicht ein anderes bestimmt ist, auch persönlich haftet. Handelt es sich dabei doch um in der Person des in § 1108 Abs. 1 bezeichneten Eigentümers entstehende schuldrechtliche Haftungen für Leistungen, in Ansehung deren die schuldrechtliche Haftung eines anderen Eigentümers überhaupt noch nicht bestanden hatte.

Gleichfalls abzulehnen ist die Ansicht[113], daß die in den §§ 808 ff. BGB. bestimmte Vorlegungspflicht im Wege der Sukzession auf jeden neuen Besitzer übergeht. Eine Vorlegungspflicht besteht nämlich für den Besitzer einer Sache niemals deswegen, weil der ihm vorangegangene Besitzer vorlegungspflichtig war, sondern immer nur unter der Voraussetzung, daß das Vorlegungsinteresse des die Vorlegung Verlangenden zur Zeit seines Vorgehens gegen den gegenwärtigen Besitzer gegeben ist, bei Vorhandensein dieser Voraussetzung aber wieder ohne jede Rücksicht darauf, ob der Vorbesitzer vorlegungspflichtig war oder nicht.

Nicht minder unzutreffend ist es, wenn hier und da[114] von einer Sukzession des neuen Eigentümers in die gesetzliche Verpflichtung zum Ersatz von Verwendungen gegenüber dem herausgabepflichtigen Besitzer (BGB. §§ 994 ff.) geredet wird. Eine schuldrechtliche Verpflichtung des Eigentümers zum Ersatz von Verwendungen tritt bekanntlich nur dann ein, wenn er die Sache wiedererlangt oder die Verwendungen genehmigt[115]: im ersten Falle kann er übrigens die in seiner Person entstandene Schuld-

[112] Siehe auch neuestens Kisch im Recht 17, 7 über den verwandten Fall des § 69 VVG.

[113] Sie findet sich ausgesprochen bei v. Gierke, Schuldnachfolge und Haftung, S. 37 Anm. 3.

[114] Vgl. v. Gierke an dem in Anm. 113 a. O.

[115] BGB. § 1001.

pflicht in Ansehung der von ihm nicht genehmigten Verwendungen dadurch wieder in Wegfall bringen, daß er die wiedererlangte Sache zurückgibt (§ 1001). Davon, daß im Falle eines nachträglichen Wechsels in der Person des Eigentümers der neue Eigentümer hinsichtlich der in der Person des früheren Eigentümers entstandenen persönlichen Verpflichtungen an dessen Stelle trete, weiß das Gesetz nichts. Soweit es aber an den Voraussetzungen für die Entstehung einer Schuldpflicht des Eigentümers zum Ersatz der Verwendungen fehlt, ist der bezüglich der Verwendungen Ersatzberechtigte lediglich auf das ihm nach § 1000 zustehende Zurückbehaltungsrecht sowie auf die Geltendmachung der in § 1003 bestimmten Sachhaftung angewiesen. An dieser Sachhaftung wird durch einen nachträglichen Wechsel in der Person des Eigentümers natürlich nichts geändert. Ein Eintritt des neuen Eigentümers „in die gesetzliche Verpflichtung zum Ersatz von Verwendungen" kann sich aber dadurch aus dem Grunde nicht vollziehen, weil eine daraufgehende „Verpflichtung" zu Lasten des neuen Eigentümers ebensowenig besteht, als eine solche zu Lasten des früheren Eigentümers bestand.

Es kann endlich auch v. Gierkes Annahme[116] einer Sukzession des neuen Grundeigentümers in die sogenannte „dingliche Schuld" nicht unwidersprochen bleiben. Wer die „dingliche Schuld" im Sinne eines den jeweiligen Eigentümer des mit einer Sachhaftung belasteten Grundstücks treffenden Leistensollens nicht nur für überflüssig, sondern sogar für verwirrend hält, kann selbstverständlich auch eine Sukzession in dieses rechtliche Leistensollen nicht anerkennen. Die praktische Bedeutungslosigkeit der „dinglichen Schuld" als eines Leistenssollens des jeweiligen Grundstückseigentümers zeigt sich schon darin, daß der Bestand und die Geltendmachung des Rechtes aus der Grundstückshaftung durch die Herrenlosigkeit des Grundstücks nicht im geringsten beeinträchtigt wird[117], und wird in nicht minder schlagender Weise

[116] Am (in Anm. 113) a. O.

[117] Dazu meine Schuldübernahme, S. 284/54.

durch den Umstand erhärtet, daß die Geltendmachung des Rechtes aus der Haftung des nicht herrenlosen Grundstücks nicht mit Notwendigkeit gegenüber dem Grundstückseigentümer zu erfolgen braucht, sondern auch dem als Eigentümer eingetragenen Nichteigentümer[118] gegenüber stattfinden kann und zwar selbst dann, wenn der Gläubiger die Unrichtigkeit der Eintragung kennt (§ 1148 BGB.).

Zweites Kapitel.

Durchführung.

I.

Gegen die hier vertretene Auffassung der Schuldübernahme sind aus der Gestaltung der Haftung des unbeschränkt haftenden Erben hergeholte Einwendungen erhoben worden[1]. Sie verdienen eingehende Würdigung, die umso lohnender ist, als hierdurch verschiedene mit unserem Problem zusammenhängende Fragen der Klärung[2] zugeführt werden können.

Es ist nicht zu bezweifeln, daß sich im Falle des Eintritts der unbeschränkten Haftung des Erben eine Gestaltung der Haftung für die Erblasserschulden entwickelt, die als mit der bisherigen Haftung des Erblassers identisch nicht mehr bezeichnet werden kann. Ein offenbarer Fehlschluß ist es jedoch, wenn aus dieser unbestreitbaren Tatsache gefolgert werden will, daß auch die bei der privativen Schuldübernahme eintretende Veränderung der Haftung mit der Annahme einer Schuldsukzession verträglich sei. Es liegt im Wesen der Vermögenshaftung, daß sie sich dem Schicksal des haftenden Vermögens anpassen und nach Maßgabe

---

[118] Davon, daß einen solchen Nichteigentümer ein Leistensollen treffe, wird aber doch wohl auch v. Gierke nicht reden wollen. Vgl. zur Frage der sogenannten „dinglichen Schuld" v. Gierkes und zugleich gegen dessen Auffassung auch noch Hirsch, Die Übertragung der Rechtsausübuug, I (1910), S. 427 ff. und 451 ff.

[1] Vgl. Knoke a. a. O. S. 412 ff.

[2] Eine solche bezeichnet mit Recht als wünschenswert Partsch in Goldschmidts Z. 74, S. 184 Anm. 2.

dieses Schicksals in ihrer Gestaltung verändern muß. Absolute Unveränderlichkeit der in einem bestimmten Momente gegebenen konkreten Gestaltung der Haftung kann daher auch von der Rechtsordnung nicht als Voraussetzung für die Identität einer Schuldpflicht und der ihr entsprechenden Forderung aufgestellt werden. Veränderungen, welche diese Identität unberührt lassen, können insbesondere eintreten durch die Erbfolge und durch die allgemeine Gütergemeinschaft. Von ganz anderer Art ist dagegen die im Falle der Schuldübernahme eintretende Veränderung der Haftung; denn sie besteht nicht in der rechtsnotwendigen Fortentwicklung der bisherigen Haftung, sondern in deren Ersetzung durch eine völlig neue Haftung.

Der bezeichnete grundsätzliche Unterschied ist natürlich auch von eminent praktischer Bedeutung. Die erbrechtliche und die bei der allgemeinen Gütergemeinschaft eintretende Schuldsukzession muß sich der Gläubiger mit allen ihren Begleiterscheinungen ungefragt gefallen lassen. Eine privative Schuldübernahme kann dagegen nur mit Zustimmung des Gläubigers zustande kommen. In jenen Fällen dauern die zugunsten des Gläubigers bestehenden akzessorischen Haftungen unverändert fort, im Falle der privativen Schuldübernahme kommen dem Gläubiger Haftungen dieser Art grundsätzlich nicht mehr zustatten.

Es ist sodann gesagt worden, die hier vertretene Auffassung, daß der neuen schuldrechtlichen Haftung des Schuldübernehmers eine neue Schuldpflicht und daher auch ein neues Forderungsrecht entspreche, führe zur Konsequenz, daß der Gläubiger im Falle der unbeschränkten Haftung des Erben zwei Forderungsrechte habe, ein auf der Haftung des Nachlasses und ein zweites auf der Haftung des Erben mit seinem Eigenvermögen beruhendes. Eine derartige Behandlung werde aber vom Gesetz unzweideutig abgelehnt.

Hierzu ist in Anknüpfung an schon früher Gesagtes zu bemerken: Die rechtliche Natur der erbrechtlichen Schuldsukzession erfordert nicht mehr als die Haftung des Erben mit dem Nachlaß.

Diese gegenständlich beschränkte Haftung läßt sich aber in voller Schärfe nur durchführen, wenn die Nachlaßgegenstände von der Annahme der Erbschaft ab zur Befriedigung der Gläubiger in einer die Verfügung des Erben ausschließenden Weise als ein von dem Eigenvermögen des Erben getrenntes Sondergut verwaltet werden. Andernfalls werden sich die zum Nachlaß und die zum Eigenvermögen des Erben gehörenden Gegenstände schon sehr bald derart verschmelzen, daß die Erbschaftsgegenstände aus dem Gesamtvermögen des Erben nicht mehr ausgeschieden werden können, sondern in diesem nur mehr dem Werte nach enthalten sind. Notwendige Folge dieser Gestaltung, die umso häufiger ist, als unter normalen Verhältnissen weder der Erbe noch die Gläubiger an der gegenständlichen Absonderung des Nachlasses vom Eigenvermögen des Erben ein Interesse haben, ist, daß den Nachlaßgläubigern behufs Befriedigung ihrer Forderungen die Möglichkeit des Zugriffs auf alle das Gesamtvermögen des Erben bildenden Gegenstände eröffnet sein muß. Der Grund der Haftung des Erben gegenüber den Nachlaßgläubigern bleibt dabei völlig derselbe wie bei der auf die Nachlaßgegenstände beschränkten Haftung und es tritt — unter der weiteren Voraussetzung, daß die Nachlaßverbindlichkeiten durch den in das Vermögen des Erben übergegangenen Wert des Nachlasses gedeckt sind — nur die Veränderung ein, daß die Nachlaßgläubiger das ihnen Gebührende nicht aus dem abgesonderten Nachlaß, sondern aus dem den Nachlaß in sich enthaltenden Gesamtvermögen des Erben herausziehen.

Das eben Gesagte gilt übrigens unter den zwei angenommenen Voraussetzungen — Unterbleiben einer Nachlaßseparation und Gedecktsein der Nachlaßschulden durch den in dem Gesamtvermögen aufgegangenen Wert des Nachlasses — selbst bei beschränkter Haftung des Erben[3]. Eine praktisch erhebliche Änderung

[3] Hierbei ist zu beachten, daß das BGB. von „beschränkter Haftung" des Erben auch dort spricht, wo dem Erben, weil die Voraussetzungen der schlechthin unbeschränkten Haftung noch nicht eingetreten sind, lediglich die

tritt erst ein, wenn eine der beiden Voraussetzungen nicht zutrifft. Die wesentliche Bedeutung der unbeschränkten Erbenhaftung liegt darin, daß der Erbe mit seinem ganzen Vermögen für die Nachlaßverbindlichkeiten auch insoweit aufzukommen hat, als diese durch den Nachlaß nicht gedeckt sind. Obschon sich aus dieser Erweiterung der Haftung des Erben über das durch das Wesen der Schuldsukzession geforderte Maß hinaus eine Verstärkung des Rechtes der Gläubiger ergibt, so drängt dies allein doch noch nicht zur Annahme einer den Gläubigern neben der Forderung gegen den Nachlaß zukommenden zweiten Forderung gegen die Person des Erben. Sind auch die Keime zweier scharf auseinander zu haltenden schuldrechtlichen Haftungen und zweier diesen Haftungen entsprechenden Forderungen bereits vorhanden, so gelangen sie doch nur zur Entfaltung, soweit dies praktisch werden kann. Dies trifft aber nicht zu, wenn der Nachlaß nicht separiert ist und es sich somit lediglich um die Befriedigung des Gläubigers aus dem Gesamtvermögen des Erben handelt. In der Schuldnerstellung gegenüber den Nachlaßgläubigern befindet sich der Erbe auf Grund der erbrechtlichen Sukzession. Die Unbeschränktheit seiner Haftung hat hier nur zur Folge, daß zwischen Nachlaß und Eigenvermögen des Erben nicht unterschieden und dieses somit tatsächlich als ein zu jenem hinzutretender Zuwachs[4] behandelt wird. Dieser Sachverhalt läßt sich daher am besten dem Falle vergleichen, wo ein den Gegenstand einer Sachhaftung bildendes Grundstück durch Zuschreibung eines anderen Grundstücks vergrößert wird; die bezüglich jenes Grundstücks begründete Sach-

---

Möglichkeit zur Herbeiführung der gegenständlichen Beschränkung der Haftung gegeben ist (vgl. mein Erbrecht II, S. 191 ff.). Nur in diesem Sinne ist im Texte von einer beschränkten (d. h. noch gegenständlich beschränkbaren) Haftung die Rede.

[4] Freilich darf nicht übersehen werden, daß das in der Hand des Erben vereinigte Gesamtvermögen im vorausgesetzten Falle nicht nur den Nachlaßgläubigern, sondern auch den Eigengläubigern des Erben haftet. Ungeachtet dieser Konkurrenz kann aber der im Texte erwähnte Zuwachs den Nachlaßgläubigern zum Vorteile gereichen.

haftung erstreckt sich dann auch auf das zugeschriebene Grundstück (vgl. 1131 BGB.).

Von zwei Forderungsrechten des Nachlaßgläubigers ist dagegen bei unbeschränkter Haftung des Erben — und zwar gleichviel, ob der Nachlaß zur Deckung der Nachlaßverbindlichkeiten ausreicht oder nicht — zu reden, sobald und solange der Nachlaß vom Eigenvermögen des Erben amtlich abgesondert ist. Knoke will dies bestreiten. Seine Gründe sind aber unzureichend und durch das, was er zugeben muß, schlägt er sich selbst. Er anerkennt das Vorhandensein zweier Haftungen, der des Nachlasses und der des Eigenvermögens des Erben und damit zugleich das Vorhandensein zweier entsprechenden Rechte des Gläubigers. Der Anerkennung zweier, auf dieselbe nur einmal zu bewirkende Leistung gehenden Forderungsrechte des Gläubigers glaubt er sich jedoch dadurch entziehen zu können, daß er nur den gegen den Erben persönlich sich richtenden Anspruch als Forderungsrecht gelten läßt, das gegen den Nachlaß sich richtende Recht des Gläubigers dagegen als ein der Hypothek vergleichbares Recht charakterisiert[5]. Er würde aber diese Behauptung sicherlich vermieden haben, wenn er sich die Frage vorgelegt hätte, wie es im Falle der Nachlaßseparation und bei beschränkter Erbenhaftung mit dem Rechte des Nachlaßgläubigers bestellt ist. Es kann gegen den Erben persönlich gar nicht geltend gemacht werden, sondern richtet sich nur gegen den Nachlaß. Sicher ist zugleich, daß es durch seine jetzige Richtung gegen den Nachlaß den Charakter, welchen es vor dem Erbfall mit seiner Richtung gegen den Erblasser hatte, nicht eingebüßt hat, also ein Forderungsrecht ist. An dieser rechtlichen Natur des gegen den Nachlaß sich richtenden Gläubigerrechts kann dadurch nichts geändert werden, daß der Gläubiger daneben noch ein auf der schuldrechtlichen Haftung des Erben mit seinem Eigenvermögen beruhendes zweites Forderungsrecht hat.

[5] Knoke a. a. O. S. 415 Anm. 21.

Folgeerscheinungen des Vorhandenseins von zwei schuldrechtlichen Ansprüchen sind zum Beispiel, daß die Geltendmachung des Anspruchs gegen den Erben die Verjährung des Anspruchs gegen den Nachlaß nicht unterbricht, ferner daß bei gleichzeitigem Nachlaß- und Erbenkonkurs [6] die Anmeldung des gläubigerischen Anspruchs bei dem einem Konkurse die Anmeldung bei dem andern nicht ersetzt. Eine scharfe Auseinanderhaltung des gegen den unbeschränkt haftenden Erben sich richtenden Anspruchs von dem gegen den Nachlaß sich richtenden wird sodann — selbst wenn es zu einer amtlichen Nachlaßabsonderung nicht gekommen ist — im Falle des Übergangs des Nachlasses auf einen Nacherben notwendig. Die den Vorerben bereits treffende unbeschränkte Haftung wird diesem dadurch, daß nunmehr der Nacherbe in die Erbenstellung eingetreten ist und infolge dieses Eintritts, zunächst wenigstens mit dem Rechte der Beschränkung seiner Haftung auf den Nachlaß, für die Nachlaßverbindlichkeiten haftet, nicht abgenommen [7]. Durch die Verschiedenheit der als Schuldner derselben Leistung in Betracht kommenden Personen wird das Vorhandensein zweier auf dasselbe gehenden Forderungen des Gläubigers hier besonders anschaulich.

Die rechtliche Behandlung der in der angegebenen Weise zu unterscheidenden zwei Forderungen richtet sich nicht durchaus nach dem Regelrecht des Gesamtschuldverhältnisses, das ja überhaupt nur insoweit angewendet sein will, als sich aus der besonderen Gestaltung der Rechtslage nicht ein anderes ergibt [8]. In unserem Falle sind Besonderheiten in der Tat vorhanden. Nach KO. § 234 in Verbindung mit § 64 und im Gegensatz zu KO. § 68 kann ein Nachlaßgläubiger im Konkursverfahren über das Vermögen des Erben, wenn auch über den Nachlaß das Konkursverfahren eröffnet oder, wenn eine Nachlaßverwaltung

[6] Über die konkursrechtliche Stellung der Nachlaßgläubiger im Konkurse über das Vermögen des unbeschränkt haftenden Erben vgl. S. 142 Anm. 39.

[7] Dazu mein Erbrecht II, S. 320 und meine Ausführung bei Planck V³, S. 484.

[8] Vgl. besonders §§ 425, 426 BGB.

angeordnet ist, in Ansehung der Forderung, für welche der Erbe persönlich haftet, nur für den Betrag verhältnismäßige Befriedigung verlangen, zu welchem er auf Befriedigung aus dem Nachlaß verzichtet, oder mit welchem er bei der Verteilung des Nachlasses ausgefallen ist. Derselben Behandlung begegnen wir aber auch bei anderen gesamtschuldnerischen Haftungen. So können insbesondere Gesellschaftsgläubiger in dem Konkursverfahren über das Privatvermögen eines persönlich haftenden Gesellschafters, wenn das Konkursverfahren über das Vermögen einer offenen Handelsgesellschaft oder einer Kommanditgesellschaft oder einer Kommanditgesellschaft auf Aktien eröffnet ist, nach KO. § 212: „Befriedigung nur wegen desjenigen Betrages suchen, für welchen sie in dem letzteren Verfahren keine Befriedigung erlangen." So wenig als diese Entscheidung zur Annahme führen kann, daß dem Gesellschaftsgläubiger ungeachtet der Mehrheit schuldrechtlicher Haftungen (man denke dabei besonders an die neben der schuldrechtlichen Haftung des einer juristischen Person gehörenden Vermögens einer Kommanditgesellschaft auf Aktien bestehende schuldrechtliche Haftung der persönlich haftenden Gesellschafter) nur ein einziges Forderungsrecht zustehe, so wenig kann der analoge Schluß auf Grund von KO. § 234 gezogen worden[9].

Beachtlich ist auch, daß der in KO. § 225 Abs. 2 vorgesehene Eintritt des einen Nachlaßgläubiger befriedigenden Erben in das dem Gläubiger gegenüber der Nachlaßkonkursmasse zustehende Recht dem den Nachlaßgläubigern gegenüber überhaupt unbeschränkt haftenden Erben versagt ist. Der Grund hierfür liegt nahe genug. Denn wird infolge des Nichteintritts des Erben ein Nachlaßüberschuß erzielt, so kommt ihm dieser ja doch zustatten. Bei Nichterzielung eines Überschusses würde dagegen der Erbe durch seinen Eintritt in das Recht des von ihm befriedigten Gläubigers den übrigen Nachlaßgläubigern etwas

[9] Unzutreffend daher die von Knoke, S. 415 ff. aus KO. § 234 gezogenen Schlüsse.

entziehen, was diese von ihm wegen seiner unbeschränkten Haftung doch wieder verlangen könnten.

Ist dem unbeschränkt haftenden Erben der Eintritt in das Recht des von ihm befriedigten Gläubigers in dem Falle des § 225 Abs. 2 KO. aber auch versagt, so vollzieht er sich doch im Falle des Abs. 3 des genannten § 225, wenn den Erben, nicht den Nachlaßgläubigern gegenüber überhaupt, sondern nur dem befriedigten Gläubiger gegenüber die unbeschränkte Haftung traf. Selbstverständliche Voraussetzung dieser Bestimmung ist das Vorhandensein von zwei hinsichtlich des Wofür der Haftung sich deckenden Forderungsrechten des Nachlaßgläubigers, von denen das gegen den Erben persönlich sich richtende durch dessen Leistung an den Gläubiger erlischt, während das gegen den Nachlaß sich richtende auf den Erben übergeht. Von ganz besonderer praktischer Bedeutung ist aber der Eintritt des allen oder auch nur einzelnen Nachlaßgläubigern gegenüber unbeschränkt haftenden Erben in das Recht des von ihm befriedigten Gläubigers gegen den Nachlaß, wenn dieser solvent ist und sich in der Hand eines Nacherben oder Erbschaftskäufers befindet, und die Last der Schuld im Verhältnis zwischen Vorerben bezw. Erbschaftsverkäufer und Nacherben bezw. Erbschaftskäufer von dem letzteren zu tragen ist.

War eine Schuld des Erblassers verbürgt, und befriedigt der Bürge den Gläubiger nach dem Erbfall und nachdem für den Erben die unbeschränkte Haftung eingetreten ist, so geht auf den Bürgen nach § 774 BGB. das Recht des befriedigten Gläubigers über und zwar in unserem Falle nicht nur das Recht gegen den — wie wir annehmen wollen, in der Hand eines beschränkt haftenden Nacherben sich befindenden — Nachlaß, sondern auch — wie von Knoke[10] mit Recht hervorgehoben wird — in das Recht gegen den unbeschränkt haftenden Vorerben bezw. Erben. Inwiefern sich hieraus ergeben soll, daß der befriedigte Gläubiger nur eine einheitliche Forderung gehabt habe, ist nicht einzusehen. Kommt

[10] A. a. O. S. 417.

doch ein analoges Ergebnis auch im Handelsgesellschaftsrecht vor, wenn dem durch Bürgschaft gesicherten Gesellschaftsgläubiger außer dem Gesellschaftsvermögen auch persönlich haftende Gesellschafter haften. Befriedigt nämlich zum Beispiel ein Bürge einer von einer Kommanditgesellschaft auf Aktien eingegangenen Schuld den Gläubiger aus dieser Schuld, so tritt er zweifellos nicht nur in das Recht des Gläubigers gegen die Gesellschaft, sondern auch in dessen Rechte gegen die persönlich haftenden Gesellschafter ein. Wie hier die Ansprüche gegen die persönlich haftenden Gesellschafter vermöge ihrer Zweckbestimmung ein Akzessorium der gegen die Gesellschaft sich richtenden Forderungen bilden, so folgt — soweit dieser Zusammenhang nicht künstlich unterbunden wird — auch der Anspruch gegen den unbeschränkt haftenden Erben dem Anspruch gegen den Nachlaß bezw. gegen denjenigen, welchem der Nachlaß gehört. Trotzdem bleibt für beide Gruppen von Fällen unleugbar, daß der Mehrheit von zugunsten des Gläubigers bestehenden schuldrechtlichen Haftungen auch eine Mehrheit von schuldrechtlichen Ansprüchen entspricht.

II.

Die Sukzessionstheorie bei der Schuldübernahme bildet für deren Anhänger die konstruktive Krücke, deren sie bei der Einordnung der im Falle einer Schuldübernahme zu treffenden praktischen Entscheidungen nicht entraten zu können glauben. In Wahrheit wird aber durch diese Konstruktion nicht das Geringste gewonnen. Sie operiert mit einem unklaren und schillernden Schuldbegriff und mit einem nicht minder unklaren Begriff der Sukzession, sie verkennt, daß das konkrete Forderungsrecht des Gläubigers auf der durch den Entstehungsgrund der Schuldpflicht individualisierten schuldrechtlichen Haftung des Schuldners beruht, ignoriert den vom deutschen Recht anerkannten und mit Konsequenz durchgeführten Zusammenhang von Forderungsrecht bezw. Schuldpflicht mit dem haftenden Vermögen und setzt sich auch über den unerschütterlich feststehenden Grundsatz hinweg, daß eine rechtsgeschäftliche Sukzession immer nur durch ein Verfügungsgeschäft, niemals durch ein Verpflichtungsgeschäft herbeigeführt werden kann.

Dem zuletzt berührten Punkte sind noch einige zusätzliche Bemerkungen zu widmen. Die zwischen dem Gläubiger und dem Übernehmer vereinbarte kumulative Schuldübernahme ist gewiß reines Verpflichtungsgeschäft und somit schon aus diesem Grunde ungeeignet, einen Sukzessionserfolg zu vermitteln. Etwas anders verhält es sich mit der privativen Schuldübernahme. Sie ist insofern gemischtes Geschäft, als sie nicht nur auf eine Verpflichtungswirkung (in der Person des Neuschuldners) sondern auch auf eine Verfügungswirkung (in der Person des Altschuldners) gerichtet ist[11]. Allein diese besteht lediglich in der Befreiung des Altschuldners, während die Verpflichtung des Neuschuldners sich als Rechtsfolge des in der Schuldübernahme enthaltenen Verpflichtungsvertrags darstellt.

Eine auf fehlerhafter Grundlage aufgebaute Konstruktion kann sich natürlich auch praktisch nicht bewähren.

1. Durch lange Zeit hat man nur mittels der Sukzessionstheorie erklären zu können geglaubt, daß der eine Schuld privativ Übernehmende „dem Gläubiger die Einwendungen entgegensetzen kann, welche sich aus dem Rechtsverhältnisse zwischen dem Gläubiger und dem bisherigen Schuldner ergeben" (BGB. 417 Abs. 1 Satz 1). In den Fällen wirklicher (und zwar auch in denen vervielfältigender) Schuldsukzession gilt zweifellos dasselbe. Allein man kann nicht auch umgekehrt sagen, daß derjenige Schuldner, welcher dem Gläubiger dieselben Einwendungen entgegensetzen kann, die sich aus dem Verhältnis des ursprünglichen Schuldners zum Gläubiger ergeben, Schuldsukzessor sei; sonst müßte auch in der Eingehung einer Bürgschaftsverpflichtung ein Schuldsukzessionsvertrag erblickt werden[12]. Übrigens wird jetzt auch von den Vertretern der Sukzessionstheorie zugegeben, daß die berufene Be-

---

[11] Genaueres hierüber in meiner Schuldübernahme, S. 237/7; vgl. auch oben S. 64 Anm. 7.

[12] Vgl. § 768 BGB.

stimmung ihre volle Erklärung schon darin findet, daß der Schuldübernehmer mit Bezugnahme auf das Wofür der Haftung des Altschuldners sich zur Leistung desselben verpflichtet, wozu dieser bisher verpflichtet war [13].

2. In allen wirklichen Sukzessionsfällen bleiben Bürgschafts- und Sachhaftungen durch die in Ansehung der Hauptschuld stattfindende Sukzession unberührt und bleiben den Bürgen und den Dritteigentümern von haftenden Sachen die ihnen zukommenden Rückgriffsanwartschaften ungeachtet des Sukzessionsvorgangs vollständig erhalten.

Bei der privativen Schuldübernahme läßt die Frage, ob und unter welchen Voraussetzungen bürgschaftliche Haftungen und Sachhaftungen fortdauern sollen, bei durch doktrinäre Scheuklappen unbeirrter, rein sachlicher Beurteilung eine verschiedene Beantwortung zu. Man könnte sich — und diese Auffassung ist mehrfach vertreten worden [14] — in der Weise für die Fortdauer der bezeichneten Haftungen entscheiden, daß den Bürgen und Dritteigentümern von haftenden Sachen die Regreßrechte gegen den Altschuldner vorbehalten bleiben. Auf diesem Wege würde man zu einer Schuldübernahme von nur relativer Wirkung gelangen. Dem Gläubiger gegenüber träte zwar der Übernehmer an Stelle des Altschuldners als Schuldner ein. Im Verhältnis zu den Bürgen und den Dritteigentümern haftender Sachen würde dagegen der Altschuldner nicht als aus dem Schuldverhältnis ausgeschieden zu

---

[13] Knoke, S. 424 (oben). Auf die Frage, wie die Verjährung des gläubigerischen Anspruchs gegen den Übernehmer zu beurteilen ist, kann hier nicht näher eingegangen werden. Kurz abzuweisen ist nur die von Hellmann, S. 518 und Knoke, S 424 vertretene Ansicht, daß in der Schuldübernahme stets auch ein Anerkenntnis der übernommenen Schuld im Sinne des § 208 BGB. zu erblicken sei. Man denke z. B. an den Fall, daß jemand eine hinsichtlich ihres Bestandes und Umfanges streitige Schuld übernimmt, dafern und soweit sie sich als begründet erweist. Im übrigen vgl. meine Schuldübernahme, S. 322/92.

[14] So von Dernburg, Pandekten II, 1. Aufl. § 53 Anm. 8, 2. bis 4. Aufl. § 53 Anm. 9, Jakubezky, Bemerkungen zu dem Entwurfe eines BGB. (1892), S. 69 zu § 317 E.

betrachten sein und daher auch deren Regreßansprüchen unterliegen. Diese Behandlungsweise führt jedoch bei den Regelfällen [15] zu den Parteienabsichten zuwiderlaufenden Komplikationen und zugleich zu kaum überwindbaren technischen Schwierigkeiten. Mit Recht hat daher auch keine der modernen Gesetzgebungen den angegebenen Weg zu beschreiten auch nur versucht.

Zu annehmbaren Ergebnissen gelangt man dagegen auf Grund der Entscheidung, daß bürgschaftliche und sachliche Haftungen infolge der Schuldübernahme grundsätzlich erlöschen, Forthaftung aber dann eintritt, wenn der Bürge oder der Eigentümer der haftenden Sache in die Schuldübernahme einwilligt. Mit der Vorstellung, daß der Neuschuldner in die Schuld des Altschuldners sukzediere, ist diese im BGB. im Wesentlichen angenommene Behandlung ebensowenig vereinbar als mit der vorhin charakterisierten. Das Wesen der translativen Sukzession besteht nach allgemeiner Ansicht in einer hinsichtlich eines Rechtes oder einer Verpflichtung nur in betreff des bisherigen Subjekts eintretenden Änderung, während im übrigen alles fortfährt von dem Rechte, der Verpflichtung zu gelten, was bisher von ihm bezw. von ihr galt. Gerade darin — so führt Windscheid, Pandekten I § 64 Anm. 1 zutreffend aus — liegt das praktische Interesse zwischen der durch Sukzession eintretenden Veränderung eines Rechtes (ich füge bei: oder einer Verpflichtung) und der Entstehung eines neuen Rechtes (bezw. einer neuen Verpflichtung) an Stelle eines früheren (bezw. einer früheren).

Da nun nach § 418 Abs. 1 bei der Schuldübernahme in dem für deren praktische Wertung allerwichtigsten Punkte für die Schuldpflicht des Neuschuldners und das ihr korrespondierende Forderungsrecht gegen diesen nicht dasselbe, sondern etwas ganz anderes gilt, als was bisher für die Schuldpflicht des Altschuldners und das gegen diesen sich richtende Forderungsrecht galt, so läßt uns die Sukzessionsvorstellung vollständig im Stich.

---

[15] Über besonders geartete Fälle siehe unten S. 154 ff.

Auch Knoke[16] kann sich dem nicht entziehen. Er spricht demgemäß mit Bezug auf § 418 Abs. 1 Satz 1 und 2 von einer „Durchbrechung der Sukzessionstheorie", tröstet sich aber damit, daß wenigstens der Satz 3 des Abs. 1 von § 418 mit der Sukzessionstheorie im besten Einklang stehe. Es wird sich alsbald zeigen, daß dieser vermeintliche Trostesgrund nicht zutrifft.

Indem das Gesetz bestimmt, daß dem Gläubiger die in § 418 Abs. 1 erwähnten akzessorischen Haftungen infolge der Schuldübernahme nur dann nicht verloren gehen, wenn der Bürge oder der Eigner des haftenden Gegenstandes in die Schuldübernahme einwilligt, bringt es Zweifaches zum Ausdruck: Einmal, daß die Schuldpflicht des Neuschuldners mit der des Altschuldners nach der Auffassung der Rechtsordnung nicht identisch ist. Trotzdem soll es aber den Beteiligten — und das ist der vom Gesetz für maßgebend erklärte zweite Leitsatz — nicht verwehrt sein, die mit der Schuldpflicht des Altschuldners nicht identische Schuld des Neuschuldners als vom Standpunkte ihres konkreten praktischen Interesses aus für sie gleichwertig gelten zu lassen[17]. Dieser Wille des als Bürge oder als Eigentümer einer haftenden Sache Beteiligten wird von der Rechtsordnung mit Rücksicht auf ein von ihr als berechtigt anerkanntes Verkehrsbedürfnis respektiert, dafern er in Gestalt der formlosen Einwilligung in die Schuldübernahme ausgesprochen ist. Die Rechtsordnung läßt also den unter der bezeichneten Voraussetzung eintretenden Erfolg nicht auf Grund der Annahme zu, daß der Schuldübernehmer Sukzessor des Altschuldners sei, sondern sie sucht diesen Eintritt zu ermöglichen, obschon sie die Identität der Schuldpflicht des Neuschuldners mit der des Altschuldners nicht anerkennt, und schlägt dabei einen Weg ein,

---

[16] S. 433 unten.

[17] Darüber, daß dabei von einer Verkürzung von Nachpfandgläubigern, Nachhypothekaren des durch eine ungeachtet der Schuldübernahme nach § 418 Abs. 1 fortdauernde Sachhaftung gesicherten Gläubigers nicht die Rede sein kann, vgl. meine Schuldübernahme, S. 352 ff. / 122 ff.

dessen Beschreitung überflüssig wäre, wenn Identität wirklich vorläge. Das vom BGB. in diesem Punkte beobachtete Verfahren ist dasselbe, das andere Gesetzgebungen bei der Novation eingeschlagen haben. Vgl. hierzu insbesondere PrALR. I, 16 §§ 471 bis 473, Österr. abGB. § 1378, wo unter bestimmten Voraussetzungen die Forthaftung von Bürgen und Pfändern selbst bei der Novation zugelassen wird[18].

Die herrschende Meinung nimmt an, daß der Fortbestand gesetzlicher Pfandrechte[19] durch die Schuldübernahme nicht berührt wird, und nach einer verbreiteten, aber stark bestrittenen Lehre soll auch der gesetzliche Bürge wie bisher für die Schuldpflicht des Altschuldners so nach der Schuldübernahme für die Schuldpflicht des Neuschuldners einzustehen haben. Für die erste Annahme sprechen beachtliche Gründe; die zweite wird abzulehnen sein. Selbst wenn aber beide Entscheidungen dem Gesetz entsprechen sollten, so würde hierdurch die im Vorhergehenden vertretene grundsätzliche Auffassung nicht in Frage gestellt sein. Denn mit dem Urteil, daß zwei Rechtsgebilde, von denen das eine das andere ablöst, rechtlich nicht identisch sind, verträgt es sich sehr wohl, daß in Ansehung des neuen Rechtsgebildes nicht durchgreifend, sondern nur in einzelnen Stücken, unter besonderen Voraussetzungen, aus ganz besonderen Gründen doch dasselbe gilt, was für das alte galt.

Eine etwas andere, aber doch ähnliche Behandlung wie in § 418 Abs. 1 unseres BGB. finden die eben besprochenen Fragen im neuen Schweizer Obligationenrecht vou 1911. Es bestimmt in seinem Artikel 178:

> Die Nebenrechte werden vom Schuldnerwechsel, soweit sie nicht mit der Person des bisherigen Schuldners untrennbar verknüpft sind, nicht berührt.

---

[18] Vgl. dazu bezüglich des römischen Rechts besonders Salpius, Novation und Delegation, S. 208 ff.

[19] Hierzu und in betreff der gesetzlichen Bürgschaften meine Schuldübernahme, S. 354 ff./124 ff.

Von Dritten bestellte Pfänder sowie die Bürgen haften jedoch dem Gläubiger nur dann weiter, wenn der Verpfänder oder der Bürge der Schuldübernahme zugestimmt hat[20].

Hinsichtlich der Bürgen greift also ausnahmslos der Grundsatz durch, daß sie durch die Schuldübernahme frei werden, dafern sie dieser nicht zugestimmt haben. Hiernach lehnt es also auch das Schweizer Obligationenrecht ab, die Verpflichtung des Neuschuldners als mit der Verpflichtung des Altschuldners rechtlich identisch zu behandeln. In Übereinstimmung hiermit werden infolge der Schuldübernahme die von Dritten bestellten Pfänder — worunter nach Schweizer Recht auch Grundpfänder zu verstehen sind — frei, wenn die Zustimmung des Verpfänders zur Schuldübernahme fehlt.

Wohl aber tritt wie nach deutschem Recht eine Forthaftung derjenigen Pfänder ein, welche zur Zeit der Schuldübernahme dem Übernehmer gehören und zwar doch wohl auch dann, wenn ein solches Pfand dem Gläubiger von einem Dritten bestellt worden, vom gegenwärtigen Schuldübernehmer aber noch vor der Schuldübernahme erworben worden war. Nach deutschem Recht ist die Forthaftung auch in diesem Falle zweifellos, da ja der Schuldübernehmer voraussetzungsgemäß zugleich Eigentümer des Pfandes ist und die Schuldübernahme in Ansehung der dem Übernehmer gehörenden Pfänder die in § 418 Abs. 1 verlangte Einwilligung des Eigentümers in sich enthält. Nach dem Buchstaben des Schweizer Rechts würde es allerdings darauf ankommen, ob der Schuldübernehmer in Ansehung der ihm gehörenden Pfänder zugleich auch der Verpfänder gewesen

[20] Eine mit dem Art. 178 Schweizer Obligationenrechts sachlich übereinstimmende Bestimmung enthält der § 251 der in Aussicht genommenen Novelle zum österr. abGB. Hiernach soll der jetzige § 1407 des GB. durch einen neugefaßten Paragraphen ersetzt werden, dessen Abs. 2 also lautet: „Die Nebenrechte der Forderung werden durch den Schuldnerwechsel nicht berührt. Bürgen und von dritten Personen bestellte Pfänder haften jedoch nur dann fort, wenn der Bürge oder Verpfänder dem Schuldnerwechsel zugestimmt hat." Zitiert nach dem Berichte der Justizkommission des österr. Herrenhauses (1912).

ist. Im bejahenden Falle haften die Pfänder sicherlich fort, im verneinenden Falle scheint dagegen nach dem Wortlaut des Gesetzes zur Forthaftung auch noch die Zustimmung des Verpfänders erforderlich zu sein. Ein sachlicher Grund für diese unnütze Erschwerung ist jedoch nicht ausfindig zu machen und durch freie Auslegung dürfte auch für das Schweizer Recht[21] zu demselben Ergebnisse zu gelangen sein wie nach deutschem Recht.

Anders als das deutsche Recht behandelt Art. 178 Schweizer Obligationenrechts den Fall, daß die für die Forderung des Gläubigers gegen den Altschuldner haftenden Pfänder zur Zeit der Schuldübernahme dem Altschuldner gehören. Schwierigkeiten bereitet freilich auch hier der Wortlaut des Gesetzes. Hält man sich an ihn, so tritt die Forthaftung nur ein, wenn die dem Altschuldner zur Zeit der Schuldübernahme gehörenden Pfänder dem Gläubiger nicht von einem Dritten bestellt worden waren. Trifft diese negative Voraussetzung zu, so haften die Pfänder ungeachtet der Schuldübernahme fort. Für diese Entscheidung läßt sich anführen, daß dem Altschuldner die, wenn auch vielleicht ohne seine Mitwirkung[22] zustandekommende Schuldübernahme schon durch die Befreiuung von seiner schuldrechtlichen Haftung zu großem Vorteil gereicht und daß kein durchschlagender Grund erfindlich zu sein scheint, warum der Altschuldner noch des weiteren Vorteils der Befreiung der ihm gehörenden Pfänder von der Haftung teilhaftig werden soll, obschon die Forthaftung ihn kaum jemals schlechter stellen kann, als er stehen würde, wenn er selbst Schuldner geblieben wäre. Hält man diese Erwägung für maßgebend[23], so greift sie aber auch dann durch, wenn

[21] Daß die im Texte besprochene Vorschrift des Schweiz. Obligationenrechts nicht hinreichend durchdacht ist, wird sich wohl nicht bezweifeln lassen.

[22] Wirkt der Altschuldner bei der Schuldübernahme mit, so ist durch seine Mitwirkung seine Einwilligung in die Forthaftung der ihm gehörenden Pfänder ohnedies gegeben.

[23] Sachlich einwandfrei ist sie nicht, denn die regelmäßige Absicht bei der der römischen expromissio entsprechenden privativen Schuldübernahme (im Sinne des § 414 deutschen BGB.) geht auf völlige Entlastung des Altschuldners. Auch ist der Schuldübernehmer durch das zwischen ihm

die dem Altschuldner zur Zeit der Schuldübernahme gehörenden Pfänder dem Gläubiger von einem Dritten bestellt worden sind. Es fehlt an jeder ratio dafür, hier auch noch die Zustimmung des Drittverpfänders zur Voraussetzung der Forthaftung zu machen.

Gehören die Pfänder zur Zeit der Schuldübernahme weder dem Übernehmer noch dem Altschuldner, so wird es sich zumeist um Pfänder handeln, die dem Gläubiger durch einen vom Altschuldner verschiedenen Verpfänder haftbar gemacht worden sind. Wenn im Artikel 178 Abs. 2 Schweizer Obligationenrechts zur Forthaftung der Pfänder die Zustimmung des Verpfänders gefordert wird, so ist dies unter der Voraussetzung verständlich, daß der Verpfänder auch zur Zeit der Schuldübernahme noch der Eigentümer des Pfandes ist. Ist er dies nicht, so drängt das Wesen der Sache zur Entscheidung, daß an Stelle der Zustimmung des Verpfänders die des Eigentümers treten muß. Eine sehr bedeutsame Zweifelsfrage ergibt sich für das Schweizer Recht aber auch dann, wenn das zur Zeit der Schuldübernahme einem Dritten gehörende Pfand dem Gläubiger durch den Altschuldner verpfändet war. Soll ein solches Pfand dem Gläubiger ungeachtet der von ihm vereinbarten Schuldübernahme ohne weiteres forthaften? Die vorausgesetzte Rechtslage ist offenbar eine ganz andere als in dem früher besprochenen Falle, wo der Altschuldner zur Zeit der Schuldübernahme noch Eigentümer der von ihm dem Gläubiger haftbar gemachten Sache ist. Während sich für den Altschuldner daraus, daß ein ihm gehörendes Pfand forthaftet, nachdem an seiner Stelle ein anderer Schuldner geworden ist, eine dauernde Beeinträchtigung nicht leicht ergeben wird, kann es für den Dritteigentümer der haftenden Sache unter

---

und dem Altschuldner bestehende Rechtsverhältnis diesem gegenüber regelmäßig zu dessen vollständiger Entlastung verpflichtet. Die Erreichung des hieraus sich ergebenden praktischen Ziels der Schuldübernahme wird durch die im Texte besprochene grundsätzliche Behandlung des Schweizer Rechts beeinträchtigt. Vgl. übrigens noch Anm. 22.

Umständen sehr nachteilig werden, wenn er seiner Anwartschaft auf den eventuellen Eintritt in das Recht des Gläubigers gegen den Altschuldner verlustig wird und dafür nur mehr auf den Eintritt in dessen Recht gegen den Neuschuldner rechnen kann. Es wird nicht anzunehmen sein, daß das Schweizer Obligationenrecht diesen Eingriff in das erworbene Recht des Dritteigentümers wirklich beabsichtigt hat, sondern vielmehr zu entscheiden sein, daß die Forthaftung des Pfandes nur eintritt, wenn dessen jetziger Eigentümer der Schuldübernahme zustimmt[24].

Aus Art. 178 Abs. 2 des Schweizer Obigationenrechtes ist endlich noch der Schluß zu ziehen, daß die Haftung gesetzlicher Pfänder durch die Schuldübernahme unberührt bleibt. Dies läßt sich aus denselben Gründen rechtfertigen wie die von der herrschenden Meinung angenommene analoge Entscheidung des deutschen Rechts.

Die Würdigung der einschlagenden Bestimmungen des Schweizer Obligationenrechts bestätigt also vollständig, was vorhin über die Haltung des deutschen BGB. gesagt worden ist. Auch dem Schweizer Obligationenrecht ist der konstruktive Gedanke der Identität der Schuldpflicht des Neuschuldners mit der des Altschuldners fremd. Die Forthaftung der Bürgen und Pfänder tritt daher nur ein, wenn entweder die Beteiligten der Schuldübernahme zustimmen, oder wenn — was aber nach Schweizer Recht nur bei Pfändern in Frage kommt — die Würdigung der Interessenlage die Forthaftung als unbedenklich erscheinen läßt.

3. Mit dem Forderungsrecht gegen den Altschuldner können außer den Rechten aus Bürgschaften und Sachhaftungen auch anderweite Rechte verbunden sein, die zum Teil so geartet sind, daß sie infolge der (privativen) Schuldübernahme mit Notwendig-

---

[24] Vermeiden ließe sich die im Texte erwähnte Entscheidung nur, wenn man annehmen wollte, daß das Rückgriffsrecht des Dritteigentümers gegen den Altschuldner durch die Schuldübernahme völlig unberührt bleibt. Vom sachlichen Standpunkte aus ist aber dieser Lösung die im Texte bezeichnete sicherlich vorzuziehen.

keit wegfallen. Auf folgende Erscheinungen soll besonders aufmerksam gemacht werden.

Findet eine Schuldübernahme in Ansehung der Schuld einer Handelsgesellschaft statt, so werden hierdurch notwendig die für diese Schuld persönlich haftenden Gesellschafter frei[25]. Dasselbe gilt für die Übernahme der Schuld einer Genossenschaft mit unbeschränkter Haftpflicht[26] rücksichtlich der Haftungen der bisher persönlich haftenden Genossenschafter für die betreffende Schuld. Wird die Schuld einer in Gütergemeinschaft lebenden Frau, für die auch das gütergemeinschaftliche Vermögen und demgemäß auch der Mann persönlich haftet, übernommen, so erledigt sich damit notwendig die Haftung des gütergemeinschaftlichen Vermögens und die persönliche Haftung des Mannes[27], und erfolgt die Übernahme einer Nachlaßschuld, in Ansehung deren neben der Schuldpflicht des Nacherben oder des Erbschaftskäufers auch noch die auf der eingetretenen unbeschränkten Haftung beruhende Schuldpflicht des Vorerben bezw. des Erbschaftsverkäufers besteht, so kann für die den Nachlaß nicht mehr belastende Schuld auch der Vorerbe oder der Erbschaftsverkäufer nicht mehr haften[28]. Durch Angabe besonderer Gründe brauchen alle diese Entscheidungen nicht erst gerechtfertigt zu werden; denn sie sind durch die Zweckbestimmung der genannten akzessorischen Haftungen von selbst gegeben.

---

[25] Nach erfolgter privativer Schuldübernahme besteht eine Schuldpflicht der Handelsgesellschaft nicht mehr. Für dasjenige, wofür die Handelsgesellschaft nicht mehr haftet, haften aber auch die persönlich haftenden Gesellschafter als solche nicht mehr.

[26] Vgl. GenG. §§ 119 ff.

[27] Was in Anm. 25 gesagt ist, gilt mutatis mutandis auch hier.

[28] So auch Knoke, S. 416, jedoch mit der unzutreffenden Folgerung, daß dem Nachlaßgläubiger ungeachtet des Umstandes, daß er neben seinem Anspruch gegen den separierten Nachlaß auch noch einen zweiten gegen die Person des Erben sich richtenden Anspruch habe, doch nur eine Forderung zustehe. Vgl. hiergegen das bereits auf S. 120 ff. Ausgeführte, was durch die Darlegung des Textes unter Z. 3 seine volle Bestätigung findet. Beachtlich ist außerdem noch, daß eine bezüglich des gegen den unbeschränkt haftenden Erben sich richtenden Anspruchs vereinbarte Schuldübernahme den Anspruch gegen den separierten Nachlaß grundsätzlich unberührt läßt.

Hierher gehört desgleichen der infolge der Schuldübernahme eintretende Wegfall der dem Gläubiger zur Sicherung seines Anspruchs gegen den Altschuldner in Gestalt von Anfechtungsrechten nach dem Anfechtungsgesetz und bei beschränkter Haftung des Altschuldners in Gestalt von Ersatzansprüchen gegen den Verwalter des haftenden Vermögens zustehenden Hilfsrechte[29].

Es mag schließlich noch daran erinnert werden, daß der Gläubiger im Falle einer hinsichtlich der Schuld aus einem Gemeinschaftsverhältnis erfolgenden Übernahme durch einen Nichtgemeinschafter des ihm nach § 756 BGB. zustehenden Rechtes verlustig werden muß, bei Aufhebung der Gemeinschaft die Berichtigung seiner Forderung aus dem auf den Altschuldner erfolgenden Teile des gemeinschaftlichen Gegenstandes zu verlangen.

4. In BGB. § 418 Abs. 2 ist ausdrücklich ausgesprochen, daß ein mit der Forderung gegen den Altschuldner für den Fall des Konkurses verbundenes Vorzugsrecht im Konkurse über das Vermögen des Übernehmers n i c h t geltend gemacht werden kann. Hieraus ist zugleich zu schließen und wird auch allgemein geschlossen, daß die konkursrechtliche Stellung des Gläubigers im Konkurse des Übernehmers selbständig zu beurteilen ist und sich somit nicht nach derjenigen Stellung richtet, welche dem Gläubiger im Konkurse des Altschuldners zukommen würde[30].

Während diese Behandlung jetzt von allen reichsdeutschen Schriftstellern[31] als sachlich angemessen, ja geradezu geboten anerkannt wird, ist die früher vielfach vertretene Auffassung[32], der Gläubiger müsse im Falle einer Schuldübernahme in Konsequenz der Sukzessionstheorie auch im Konkurse des Neuschuldners so gestellt sein, wie er im Konkurse des Altschuldners gestellt sein würde, in jüngster Zeit im Berichte der Justizkommission des

---

[29] Hierüber noch m e i n e Schuldübernahme, S. 370/140.

[30] Mit den Ergebnissen m e i n e r Schuldübernahme übereinstimmend insbesondere auch J a e g e r, Konkursordnung [3], Anm. 9 zu § 61.

[31] Vgl. außer J a e g e r a. a. O. neuestens auch noch v. G i e r k e, Schuldnachfolge und Haftung, S. 60, und K n o k e, S. 430, 458.

[32] Siehe hierüber meine Schuldübernahme, S. 339/109 Anm. 157.

österreichischen Herrenhauses über die in Aussicht genommene Novelle zum Österr. abGB. wieder aufgenommen worden. Dieser, übrigens sehr vorsichtig gehaltene Bericht spricht sich über unsere Frage S. 298 im wesentlichen also aus:

„Was etwaige Exekutions- oder Konkursprivilegien der übernommenen Schuld betrifft, so ergibt sich aus dem Prinzipe des § 1407[33] nur soviel, daß grundsätzlich auch der Übergang der Rangsrechte auf den Anspruch gegen den Schuldübernehmer möglich und vorauszusetzen ist (schlechthin das Gegenteil zu verfügen wie das deutsche BGB. § 418 Abs. 2 dürfte dem Zwecke des Verhältnisses nicht entsprechen). Damit ist nicht gesagt, daß nicht — genau so wie im Falle der Zession — erst noch die rechtliche Eigenart des Privilegs zu untersuchen ist und dasselbe vielleicht gegenüber der Person eines anderen Schuldners versagt werden muß."

Wenn hier gesagt wird, daß die Frage nach der rechtlichen Stellung des Gläubigers im Konkurse des Schuldübernehmers ganz aus denselben Gesichtspunkten zu beurteilen sei wie die Frage nach der Stellung des Zessionars im Konkurse des ursprünglichen Schuldners, so ist dies für das deutsche Recht — ganz abgesehen von § 418 Abs. 2, auf dessen Bestimmung der Bericht ja selbst verweist — auch insofern unzutreffend, als nach § 401 Abs. 2 auf den Zessionar ein mit der Forderung für den Fall des Konkurses verbundenes Vorzugsrecht schlechthin übergeht. Hinsichtlich des Zessionars ist also nicht erst bezüglich jedes einzelnen Konkursvorrechtes des Zedenten die Frage aufzuwerfen, ob es auch dem Zessionar zustatten komme, sondern es ist generell entschieden, daß jedes solche Vorrecht auch vom Zessionar geltend gemacht werden kann. Nach österreichischem Recht verhält es sich in dieser Beziehung wohl nicht anders; jedenfalls ist bisher kein Fall nachgewiesen worden, in dem ein mit der Forderung des Zedenten verbundenes Konkursvorrecht dem Zessionar nicht zusteht.

[33] Der hier in Betracht kommende Abs. 2 des in neuer Fassung vorgeschlagenen § 1407 österr. abGB. ist oben in Anm. 20 wiedergegeben.

Es ist aber außerdem noch darauf hinzuweisen, daß es sich bei der ganzen Frage nicht nur um Konkursvorrechte des Gläubigers, sondern um dessen materiell konkursrechtliche Stellung überhaupt handelt. Sie ist im Konkurse des Schuldners für den Zessionar völlig dieselbe wie für den Zedenten. Kann aber auch ausgesprochen werden, daß die Stellung des Gläubigers im Konkurse des Schuldübernehmers dieselbe sei, wie sie im Konkurse des Altschuldners sich gestaltet haben würde? Erst diese Fragestellung ermöglicht eine grundsätzliche Antwort. Sie soll im folgenden gegeben werden.

Der Gläubiger aus einem, ihm von seinem Schuldner erteilten Schenkungsversprechen ist nach deutschem Recht von der Geltendmachung seines Anspruchs im Konkurse des Schuldners völlig ausgeschlossen[34] und kann nach österreichischem Recht erst in der fünften und zugleich letzten Klasse der Konkursgläubiger zur Befriedigung gelangen, was praktisch so ziemlich dasselbe ist[35]. Der selbstverständliche Grund dieser Zurücksetzung ist die Rücksichtnahme auf die übrigen Gläubiger, die durch die Konkurrenz des Gläubigers aus der liberalen Zuwendung des Schuldners keine Verkürzung erleiden dürfen.

Ganz anders liegen die Verhältnisse, wenn nach der bezüglich der Schuld des Schenkers erfolgten Schuldübernahme über das Vermögen des Übernehmers Konkurs eröffnet wird. Die der Schuldübernahme zugrunde liegende Rechtsbeziehung zwischen Übernehmer und Altschuldner soll zunächst so gedacht werden, daß die Schuld in Anrechnung auf eine Kaufpreisschuld des Übernehmers an den Altschuldner übernommen wurde. Offenbar haftet der Übernehmer dem Gläubiger nicht aus einer sein Vermögen betreffenden causa liberalis, sondern bildet die Haftung gegenüber dem Gläubiger nur das Äquivalent dafür, daß sein Vermögen

---

[34] KO. § 63 Z. 4.

[35] Österr. KO. § 48; in der fünften und letzten Klasse der Konkursgläubiger stehen allerdings außer den Ansprüchen aus Schenkungen und nach ihnen die Ansprüche aus Geldstrafen.

von der Kaufpreisverpflichtung gegenüber dem Altschuldner frei geworden ist. Wollte man den Gläubiger im Konkurse des Übernehmers trotzdem so behandeln, wie er im Konkurse des Altschuldners behandelt worden wäre, so läge darin eine grundlose Begünstigung der übrigen Gläubiger des Übernehmers auf Kosten des Gläubigers aus der Schuldübernahme, da ihnen die nur gegen Übernahme der Schuld des Altschuldners eingetretene Befreiung des Übernehmers von der Kaufpreisschuld zum reinen Vorteil gereichen würde. Durch die Schuldübernahme geschädigt könnten im vorausgesetzten Fall nur die Gläubiger des Altschuldners sein. Dies insofern, als ihnen in dessen Konkurse, abgesehen von der Schuldübernahme, die noch vorhandene Kaufpreisforderung gegen den Übernehmer zustatten käme, die Forderung aus dem Schenkungsversprechen dagegen nicht gefährlich werden könnte. Es läßt sich daher auch denken, daß für den Verwalter der Konkursmasse des Altschuldners die Voraussetzung der Anfechtung der Schuldübernahme nach Maßgabe von KO. §§ 29 ff. gegeben wäre.

Nun liegt es freilich auch im Bereiche der Möglichkeit, daß der Übernehmer die Schenkungsschuld des Altschuldners auf sich nimmt, ohne von diesem dafür ein Äquivalent zu erhalten. Dann ist in der Schuldübernahme allerdings zugleich eine liberale Zuwendung enthalten, aber nicht eine liberale Zuwendung an den Gläubiger, sondern eine solche an den Altschuldner. Hinsichtlich des Verhältnisses des Übernehmers zum Gläubiger liegt der Fall dann nicht anders wie bei der Übernahme einer Kaufpreisschuld des Altschuldners zwecks einer diesem vom Übernehmer zu machenden liberalen Zuwendung. Dieser Umstand würde die Stellung des Gläubigers im Konkurse des Übernehmers zunächst freilich nicht beeinflussen. Wohl aber würde die Schuldübernahme unter Umständen vom Verwalter der Konkursmasse des Übernehmers nach KO. §§ 29 ff. angefochten werden können. Nicht anders würde aber auch im zuerst erwähnten Falle die Übernahme einer Schenkungsschuld des Altschuldners ohne ein dem Übernehmer dafür gewährtes Äquivalent zu beurteilen sein.

Was hiermit mit besonderer Bezugnahme auf die Übernahme einer Schenkungsschuld des Altschuldners dargelegt wurde, bewährt sich aber auch in allen anderen Fällen, wo die Stellung des Gläubigers im Konkurse des Altschuldners durch die Beschaffenheit der causa eigenartig beeinflußt ist, vermöge deren das altschuldnerische Vermögen haftet. Dies soll noch an dem Falle gezeigt werden, daß die einen Nachlaß belastende Pflichtteils- oder Vermächtnisschuld übernommen wird, und daß es dann zur Eröffnung des Konkurses über den Nachlaß des Übernehmers kommt. Niemand wird im Ernste auch nur behaupten wollen, daß der Anspruch des Gläubigers aus der Schuldübernahme in diesem Nachlaßkonkurs so zu behandeln sei, wie der Anspruch aus einer aus diesem Nachlaß nach den Grundsätzen des Pflichtteils- oder Vermächtnisrechtes zu leistenden Pflichtteils- oder Vermächtnisschuld. Nimmt man aber an, daß der Konkurs über das Vermögen des Übernehmers schon bei dessen Lebzeiten eröffnet worden ist, so ist es abermals unmöglich, das Recht des Gläubigers auf Befriedigung aus der Masse nach Maßgabe derjenigen Grundsätze zu bestimmen, welche für die Befriedigung von Pflichtteils- und Vermächtnisansprüchen im Konkurse über denjenigen Nachlaß gelten, welchem gegenüber diese Ansprüche zur Entstehung gelangt sind.

Das weitreichende Ergebnis der vorstehenden Ausführungen ist, daß die Verpflichtung des Schuldübernehmers auf einer anderen causa, einem anderen Entstehungsgrunde beruht als die Verpflichtung des Altschuldners. Knoke bemüht sich vergeblich, dies zu bestreiten. „Die Sukzessionstheorie — so bemerkt er S. 454 — führt zu der Vorstellung, daß der die Schuld des Urschuldners begründende Tatbestand in der Person des Schuldübernehmers fortwirkt." Es fragt sich nur, ob diese Vorstellung auch innerlich begründet ist, und damit ist es schlimm bestellt. Die früher üblich gewesene und von Knoke noch festgehaltene Annahme, daß es sich mit der Fortwirkung des in der Person des bisherigen Schuldners eingetretenen schuldbegründenden Tatbestandes in der Person des Übernehmers genau ebenso verhalte wie mit der Fortwirkung dieses Tatbestandes in der Person des Erben des ursprünglichen Schuldners, hat ihre Widerlegung schon früher durch die Erbringung des Nachweises gefunden, daß die auf der schuldrechtlichen Haftung des ursprünglichen Schuldners beruhende Schuldpflicht in der Person des Erben fortdauert[36], während im Falle der Schuldübernahme die Schuldpflicht des Altschuldners durch die auf neuer schuldrechtlicher Haftung beruhende Schuldpflicht des Übernehmers ersetzt wird.

Zur Rechtfertigung der Vorstellung von der angeblichen Fortwirkung des schuldbegründenden Tatbestandes in der Person des Schuldübernehmers beruft sich Knoke S. 456 ferner auf die Analogie der Zession und setzt hierbei mit folgender Bemerkung ein: „Unrichtig würde es freilich sein, wenn man die Sukzessionstheorie so formulieren wollte, daß es so anzusehen sei, als ob der das Schuldverhältnis begründende Tatbestand in der Person des Übernehmers eingetreten wäre. Damit würde man etwas fordern, was auch in anderen Sukzessionsfällen nicht zutrifft. Auch bei der Abtretung wird es nicht so angesehen, als wäre das Schuldverhältnis in der Person des neuen Gläubigers entstanden."

Es ist anzuerkennen, daß Knoke hierdurch aus der Sukzessionsvorstellung widersinnige Übertreibungen[37] ausschaltet und infolgedessen in der Lage ist, selbst von seinem Standpunkte aus zuzugeben, daß der Übernehmer einer Kaufpreis-, Darlehens-, Schenkungsschuld nicht selbst Käufer, Darlehensnehmer, Schenker wird. Nicht minder ist Knoke darin Recht zu geben, daß auch die Zession einer Kaufpreis-, Darlehens-, Schenkungsforderung dem Zessionar nicht dieselbe Stellung verschafft, wie wenn er den Kaufvertrag als Verkäufer abgeschlossen, das Darlehen gegeben hätte bezw. der vom Schuldner Beschenkte wäre. Ein der Zession

---

[36] Vgl. oben S. 50ff. Daselbst ist auch gezeigt worden, daß die schlechthin unbeschränkte Haftung des Erben keineswegs eine notwendige und wesentliche Folge der erbrechtlichen Sukzession ist, sondern immer nur auf einem zu dieser noch hinzukommenden besonderen Grunde beruht.

[37] Vgl. hierzu übrigens bereits Salpius a. a. O. S. 493.

analoger Vorgang ist aber die Schuldübernahme trotzdem nicht, es kann auch in dieser Beziehung an bereits früher Gesagtes angeknüpft werden.

Der grundsätzliche Uuterschied zwischen Zession und Schuldübernahme besteht in folgendem: Bei jener beruht des Recht des Zessionars auf derselben haftungsrechtlichen Grundlage, auf der bisher das Recht des Zedenten beruhte, und wirken daher die durch den Begründungstatbestand zunächst für den Zedenten ausgelösten Rechtsfolgen in der Person des Zessionars fort. Bei der Schuldübernahme wird dagegen die haftungsrechtliche Grundlage der Schuldpflicht des Altschuldners und damit zugleich die Grundlage des bisherigen Rechtes des Gläubigers beseitigt und bildet die Schuldübernahme eine neue causa für die in der Person des Neuschuldners eintretende schuldrechtliche Haftung. Woran will sich also die Vorstellung, daß der die Schuld des Altschuldners begründende Tatbestand in der Person des Schuldübernehmers fortwirke, halten und worin zeigt sich, daß die an jenen Tatbestand zu Lasten des Altschuldners geknüpft gewesenen Rechtsfolgen zu Lasten des Neuschuldners fortdauern? Als eine bloße Ausflucht müßte es bezeichnet werden, wenn man sich mit folgender Wendung begnügen wollte: Infolge des bezeichneten Tatbestandes sei die Verpflichtung des Altschuldners eingetreten und diese Rechtswirkung dauere in der Person des Neuschuldners insofern fort, als nunmehr er zur Leistung desselben verpflichtet ist, was vorher den Inhalt der Verpflichtung des Altschuldners bildete. Denn in der Aussage, daß in der Person des Altschuldners ein verpflichtungbegründender Tatbestand eingetreten ist, ist notwendig enthalten, daß der Altschuldner für die von ihm zu erbringende Leistung schuldrechtlich haftet. Knüpft sich an den Tatbestand keine schuldrechtliche Haftung, so ist er auch nicht geeignet, eine Schuldpflicht zu erzeugen. Als Fortwirkung des für die Entstehung der Verpflichtung des Altschuldners maßgebend gewesenen Tatbestandes könnte daher der Eintritt der Verpflichtung in der Person des Neuschuldners nur angesehen werden, wenn die zufolge jenes Tatbestandes als notwendige Voraussetzung für die zu Lasten des Altschuldners entstandene Verpflichtung eingetretene schuldrechtliche Haftung des Altschuldners in der Person des Neuschuldners fortdauerte. Da dies nicht der Fall ist, hat die schuldrechtliche Haftung des Neuschuldners und damit auch dessen Schuldpflicht eine neue causa[38].

Erst hiermit ist der durchschlagende Grund dafür gewonnen, daß die konkursrechtliche Stellung des Gläubigers im Konkurse des Neuschuldners nicht dieselbe sein kann wie im Konkurse des Altschuldners. Da ihm das Vermögen des Neuschuldners aus einem anderen Grunde verhaftet ist als demjenigen, aus welchem ihm das Vermögen des Altschuldners verhaftet war, ist er daher auch im Konkurse über das Vermögen des Neuschuldners weder der Privilegien teilhaftig, die ihm im Konkurse über das Vermögen des Altschuldners zugekommen waren, noch den Zurücksetzungen ausgesetzt, die er sich in diesem Konkurse hätte gefallen lassen müssen[39].

---

[38] Sachlich ebenso Salpius, wenn er a. a. O. ausführt, daß bei der Schuldübernahme zwar auf die causa, aus der der Altschuldner schuldete, Bezug genommen wird, daß aber darum das referens doch nicht identisch ist mit dem relatum und die Verpflichtung des Übernehmers daher nicht dieselbe causa haben kann, wie die Verpflichtung des Altschuldners.

[39] Im Zusammenhang mit der Stellung des Gläubigers im Konkurse des Schuldübernehmers streift Knoke auch die Frage nach der Stellung der Nachlaßgläubiger im Konkurse des unbeschränkt haftenden Erben. Er bemerkt mit Recht, daß hierbei noch manches der Klärung bedarf. Die Hauptfrage ist, ob die Bestimmungen über die Rangordnung der Nachlaßgläubiger im Nachlaßkonkurs bezüglich dieser Gläubiger auch auf den Erbenkonkurs zu übertragen sind. Die Antwort kann nur verneinend lauten. Sind demnach die in KO. § 224 bezeichneten Verbindlichkeiten im Erbenkonkurs nicht Masseschulden, so geht es nicht an, die in KO. § 61 Z. 1—5 aufgeführten bevorrechteten Ansprüche im Erbenkonkurs auch dann — so Knoke, S. 430 f. — als bevorrechtet zu behandeln, wenn die ihnen entsprechenden Verbindlichkeiten nicht Eigenverbindlichkeiten des Erben, sondern Nachlaßverbindlichkeiten sind Denn dies würde dazu führen, daß diese Ansprüche im Erbenkonkurs den Vorrang vor Ansprüchen hätten, die im Nachlaßkonkurs als Ansprüche von Massegläubigern behandelt werden. Zuzustimmen ist Knoke, S. 458 dagegen in dem Punkt, daß der Gläubiger aus einem vom Erblasser gemachten Schenkungsversprechen diese Forderung

5. Nach der an die bekannte Vorschrift der l. 14 § 2 C. de comp. 4, 31 anknüpfenden Bestimmung des § 393 BGB. ist die Aufrechnung gegen eine Forderung aus einer vorsätzlich begangenen unerlaubten Handlung nicht zulässig. Knoke[40] will dies auch auf den Fall ausdehnen, daß hinsichtlich der Schuld des Delinquenten eine Schuldübernahme stattgefunden hat, und das ist vom Standpunkt

---

auch im Konkurse des unbeschränkt haftenden Erben geltend machen kann. KO. § 63 Z. 4 steht dem nicht entgegen, denn die Forderung belastet das Erbenvermögen nicht aus einer Freigebigkeit des Erben, sondern aus einem ganz anderen Grunde. Die dem Gesetze entsprechende Auffassung dürfte durch folgende Gegenüberstellung ihre Erklärung finden: a) Es soll zunächst angenommen werden, daß der gesamte Nachlaß in der Hand des Nachlaßkonkursverwalters bereits vereinigt ist und daß die Nachlaßgläubiger ihre Ansprüche gegen den unbeschränkt haftenden Erben nach Maßgabe von KO. § 234 geltend machen. Alle diese Gläubiger haben im Erbenkonkurs innerhalb der Schranken des genannten § 234 die Stellung gewöhnlicher Konkursgläubiger (vgl. auch Jaeger, Konkursordnung [3] Anm. 3 und 8 zu § 234). Eine Folge der erbrechtlichen Sukzession ist diese Haftung des Erbenvermögens nicht, sondern eine besondere Folge desjenigen Umstandes, vermöge dessen die unbeschränkte Haftung des Erben eingetreten ist. Eine andere Frage ist freilich, ob die Gesetzgebung nicht hinreichende Veranlassung hätte, die Erbengläubiger gegen die Gefahren der unbeschränkten Haftung des Erben irgendwie zu schützen. b) Der gesamte Nachlaß ist in dem Erbenvermögen, über das Konkurs eröffnet worden ist, derart aufgegangen, daß der Nachlaß nur mehr aus den im Erbenvermögen enthaltenen Werten der vorhanden gewesenen Nachlaßgegenstände besteht. Kommt es dann neben dem Erbenkonkurs noch zur Eröffnung des Konkurses über den Nachlaß, so wird der Nachlaßkonkursverwalter bestrebt sein, die bezeichneten Werte aus dem Erbenkonkurs herauszuziehen, indem er den ihnen entsprechenden Gesamtbetrag gegenüber dem Erbenkonkurs als gewöhnliche Konkursforderung geltend macht. Der Grund für diese Haftung des Erbenvermögens besteht darin, daß die den Nachlaß bildenden Werte im Erbenvermögen enthalten sind, und er greift selbstverständlich auch durch, wenn der Erbe für die Nachlaßverbindlichkeiten nur beschränkt haftet. Was der Nachlaßkonkursverwalter auf dem angegebenen Wege als Nachlaßkonkursmasse erzielt, würde sodann den Nachlaßgläubigern nach den Grundsätzen des Nachlaßkonkurses zukommen. Außerdem könnten aber die Nachlaßgläubiger gegenüber der Erbenkonkursmasse die auf der Unbeschränktheit der Haftung des Erben beruhenden Ansprüche so geltend machen wie im Falle a. — Obschon die unter a und b herausgehobenen Fälle in der angenommenen scharfen Ausprägung praktisch nicht leicht vorkommen werden, so sind sie doch gerade vermöge dieser wohl geeignet, das, worauf es ankommt, zu veranschaulichen.

[40] S. 459.

der Sukzessionstheorie aus nur konsequent. Erkennt man dagegen an, daß das Vermögen des Neuschuldners nicht aus der vom Altschuldner vorsätzlich begangenen unerlaubten Handlung, sondern auf Grund der Schuldübernahme haftet, so muß die durchgreifende Anwendung des § 393 auf den Schuldübernehmer — der vielleicht von der Besonderheit des Ursprungs der Schadensersatzforderung des Gläubigers gegen den Altschuldner zur Zeit der Schuldübernahme keine Kenntnis gehabt hat — sicherlich entfallen. Sich darüber zu beklagen, hat der Gläubiger keinen gerechten Grund, denn er war es ja doch selbst, der den Altschuldner und damit zugleich dessen infolge des Delikts ihm haftendes Vermögen freigegeben hat. Einer auf Ausschließung der Aufrechnung durch den Schuldnehmer gerichteten Verabredung steht selbstverständlich nichts im Wege. Daraus allein, daß der Übernehmer die besondere Beschaffenheit der Schuld des Altschuldners gekannt hat, wird jedoch der Schluß auf eine stillschweigende Vereinbarung des bezeichneten Inhalts noch nicht gezogen werden dürfen.

6. Die Schuldübernahme als solche bedarf einer bestimmten Form nicht. Gänzlich entfällt insbesondere die Anwendung derjenigen Formvorschriften, welche das Gesetz in den §§ 518, 766 mit Rücksicht auf die Besonderheit des Verpflichtungsgrundes und in den §§ 780, 781 mit Rücksicht auf die künstliche Abstraktion von einem materiellen Verpflichtungsgrunde aufstellt[41]. Das Wesen der Schuldübernahme bringt es mit sich, daß sie, abgesehen von dem in ihr selbst liegenden Zwecke[42], eine materielle Kausalbeziehung zwischen dem Gläubiger und Übernehmer überhaupt nicht voraussetzt und daß daher auch die ge-

[41] Dazu meine Schuldübernahme, S. 394/164.

[42] Dieser besteht aber bei der privativen Schuldübernahme lediglich in der Ersetzung der schuldrechtlichen Haftung für den Inhalt des aus dem bisherigen Kausalverhältnis zwischen dem Gläubiger und dem Altschuldner für jenen sich ergebenden Bekommensollens durch die schuldrechtliche Haftung des Neuschuldners und bei der kumulativen Schuldübernahme in der Übernahme einer dem Gläubiger gegenüber wirksamen schuldrechtlichen Haftung gleichen Inhalts neben der fortdauernden schuldrechtlichen Haftung des Altschuldners.

nannten Bestimmungen für die Schuldübernahme ohne Bedeutung sind.

Das BGB. enthält aber auch auf Verpflichtungsgeschäfte sich beziehende Formvorschriften, welche die Beobachtung einer Form wegen des Inhalts der eingegangenen Verpflichtung verlangen. So bedarf nach § 313 ein Vertrag, durch den ein Teil sich verpflichtet, das Eigentum an einem Grundstück zu übertragen, der gerichtlichen oder notariellen Beurkundung und ist nach § 761 zur Gültigkeit eines Vertrages, durch den eine Leibrente versprochen wird, schriftliche Erteilung des Versprechens erforderlich. Wenn die Vertreter der Sukzessionstheorie diese Vorschriften auf den Fall der Übernahme einer Schuld des in den §§ 313, 761 bezeichneten Inhalts nicht anwenden wollen[43], so haben sie dafür keinen anderen Grund, als daß sich dies mit ihrer Theorie nicht vereinbaren ließe. Sachliche Erwägung — die allein maßgebend sein kann — läßt die Anwendung der genannten Vorschriften als unumgänglich erscheinen. Bedeutet es für den mit einer Schuld der bezeichneten Art sich und sein Vermögen Belastenden praktisch doch ganz dasselbe, ob diese Belastung im Wege der Schuldübernahme erfolgt oder mittels eines, ohne Bezugnahme auf eine bereits bestehende Verpflichtung eines anderen, geschlossenen Verpflichtungsvertrags, und hält es die Rechtsordnung für geboten, den eine solche schuldrechtliche Belastung auf sich Nehmenden gegen seine eigene Voreiligkeit durch eine Formvorschrift zu schützen, so kann sie ihm diesen Schutz anch im Falle der Schuldübernahme nicht versagen[44].

---

[43] Vgl. jetzt besonders v. Gierke, Schuldnachfolge und Haftung S. 50 Anm. 3, und Knoke, S. 460. Beide Schriftsteller lassen übrigens § 761 unerwähnt.

[44] In seiner auf § 313 sich beziehenden Bemerkung weicht Knoke der Hauptfrage aus. Er begnügt sich mit der seiner Berufung auf die Sukzessionstheorie gemachten Beifügung, daß ja doch auch eine bezüglich einer Schuld, zufolge deren der Schuldner dem Gläubiger zur Eigentumsübertragung an einem Grundstück verpflichtet ist, vorgenommene Erfüllungsübernahme der Form des § 313 nicht bedürfe. Wie es sich mit einer solchen Erfüllungsübernahme verhält, ist eine Frage für sich. Es

Bis wohin man sich auf Grund der Sukzessionstheorie verirren kann, dürfte am besten durch eine an § 2371 BGB. anknüpfende Frage in richtige Beleuchtung gerückt werden. Nach dieser Bestimmung in Verbindung mit § 2385 bedarf ein auf Veräußerung einer Erbschaft gerichteter schuldrechtlicher Vertrag der gerichtlichen oder notariellen Beurkundung. Das Gesetz geht dabei von dem Normalfalle aus, daß der zur Übertragung des Erbvermögens sich Verpflichtende der wirkliche Erbe ist. Es setzt aber doch als möglich voraus, daß die hierauf gerichtete Verpflichtung von einem Nichterben eingegangen wird (vgl. § 2376). Zweifellos ist, daß das Formerfordernis wegen des bedeutsamen Inhalts der in Frage kommenden Verpflichtung aufgestellt ist. Dies vorausgeschickt, soll jetzt angenommen werden, daß ein Nichterbe die Erbschaft im eigenen Namen verkauft hat und daß es hierauf im Wege der Schuldübernahme zur Übernahme der Verpflichtung des Erbschaftsverkäufers durch den wahren Erben kommen soll. Nach der Sukzessionstheorie bedürfte es zur Belastung des wahren Erben mit der Verpflichtung zur Übertragung der Erbschaftsgegenstände auch in diesem Falle nicht der Beobachtung der Form des § 2371. Allein, wie will man dies mit dem Wortlaut, Sinn und Zweck der genannten Bestimmung vereinigen?

---

kann sein, daß der Erfüllungsübernehmer dem Schuldner gegenüber nach Maßgabe der konkreten Absicht der Parteien lediglich dafür einzustehen hat, daß der Schuldner vom Gläubiger nicht in Anspruch genommen werde. Dann wird die Beobachtung des § 313 für die Erfüllungsübernahme als entbehrlich zu erachten sein. Die Absicht kann aber auch darauf gerichtet sein, daß der Schuldner dem Erfüllungsübernehmer gegenüber primär soll berechtigt sein, die Eigentumsübertragung am Grundstück an den Gläubiger im Wege der Klage zu verlangen (vgl. auch § 329 BGB.). In diesem Falle wird die Form des § 313 erfüllt werden müssen. Vgl. dazu die in meiner Schuldübernahme, Anm. 211 zitierten Schriftsteller. Wie es sich aber auch immer mit der Erfüllungsübernahme verhalten mag, so steht es doch mit dem im Texte besprochenen Falle der Schuldübernahme schon grundsätzlich ganz anders. Denn hier nimmt der Übernehmer eine sein Vermögen bisher nicht belastende Verpflichtung zur Eigentumsübertragung an einem Grundstück dem Gläubiger gegenüber neu auf sich. Dies führt unabweisbar zur Entscheidung des Textes: für diese jetzt auch Partsch in Goldschmidts Z. 74, 186 gegen v. Gierke.

7. Mit dem unter Z. 6. besprochenen Punkte stehen auch die in den §§ 1445, 1821 Z. 1 und 3, 1822 Z. 1 BGB. enthaltenen Bestimmungen in nahem Zusammenhang. Nach der zuerst genannten Vorschrift bedarf die Eingehung der Verpflichtung zur Veräußerung eines zum Gesamtgut gehörenden Grundstücks durch den Mann der Einwilligung der Frau und nach § 1821 Z. 1 und 3 bedarf der Vormund zur Eingehung einer das Mündelvermögen belastenden Verpflichtung zur Veräußerung eines Grundstücks der Genehmigung durch das Vormundschaftsgericht. Dies gilt zweifellos auch dann, wenn die Belastung des Gesamtguts bezw. des Mündelvermögens im Wege der Schuldübernahme erfolgt. In gleicher Weise muß auf Grund des § 1822 Z. 1 entschieden werden, daß das für die Eingehung einer Verpflichtung zur Veräußerung einer dem Mündel angefallenen Erbschaft ebenfalls aufgestellte Erfordernis der Genehmigung des Vormundschaftsgerichts auch für den Fall der Belastung des Mündelvermögens mit einer Verpflichtung dieses Inhalts im Wege der Schuldübernahme maßgebend sein muß. Man kommt also nicht darüber hinaus, die Schuldübernahme als das zu behandeln, was sie, soweit der Neuschuldner in Betracht kommt, auch wirklich ist, nämlich als Verpflichtungsvertrag.

8. Auf Grund der Sukzessionstheorie war durch einige Zeit behauptet worden, der die Schuld des Altschuldners nach der diesem gegenüber eingetretenen Rechtshängigkeit Übernehmende müsse als „Rechtsnachfolger" im Sinne des § 325 ZPO. das gegen den Altschuldner ergangene rechtskräftige Urteil gegen sich gelten lassen. In jüngster Zeit hat sich jedoch der Widerspruch gegen diese, selbst von Knoke ausdrücklich abgewiesene Auffassung in solchem Maße verstärkt, daß sie hier nicht abermals widerlegt zu werden braucht[45].

[45] Vgl. außer Knoke, S. 462f. jetzt auch noch Seuffert, Zivilprozeßordnung [7] (zu § 325 unter 4b), der seine frühere Auffassung aufgegeben hat; Meister, Die Veräußerung im Streit befangener Sachen und Abtretung rechtshängiger Ansprüche (1911) S. 64; Weißkopf, Der Begriff

9. Während Knoke den Versuch einer Verwertung des § 325 ZPO. zugunsten der Sukzessionstheorie mit Recht aufgibt, glaubt er Belege dafür, daß diese Theorie in prozessualer Beziehung zu wünschenswerten Ergebnissen führe, teils dem GVG., teils der ZPO. entnehmen zu können[46]. Er beruft sich zunächst auf GVG. § 70 Abs. 2, wo bestimmt ist, daß die Landgerichte ohne Rücksicht auf den Wert des Streitgegenstandes ausschließlich zuständig sind für die Ansprüche gegen Reichsbeamte wegen Überschreitung ihrer amtlichen Befugnisse und wegen pflichtwidriger Unterlassung von Amtshandlungen[47]. Nach Knokes Ansicht soll dieselbe Erwägung, aus der das Reichsgericht, Entscheid. 33, 244, angenommen hat, daß die ausschließliche Zuständigkeit des Landgerichts auch bestehen bleibt, wenn der Schuldner vor der Klagerhebung die Beamteneigenschaft verloren hat, auch bei der Schuld-

---

der Rechtsnachfolge in der ZPO. (1913), S. 52 ff. — In meiner Schuldübernahme, S. 398 f./168 f. habe ich auf die Möglichkeit hingewiesen, daß der ohne sein Wissen durch Schuldübernahme befreite Altschuldner auf die gegen ihn sich richtende Klage des Gläubigers hin rechtskräftig zur Zahlung verurteilt wird. Wie kann hier Abhilfe geschaffen werden? Ich antwortete hierauf, daß „unter Umständen" dem nunmehr auf Grund der Schuldübernahme ebenfalls verklagten Übernehmer eine exceptio doli zuzubilligen sein werde. Mit diesem Falle beschäftigen sich jetzt auch Knoke, S. 463 Anm. 89 und Riezler, Venire contra factum proprium (1912), S. 160 f. Beide meinen, daß eine Abhilfe nur dem infolge des dolosen Vorgehens des Gläubigers verurteilten Altschuldner zu gewähren sei, keinesfalls dem Übernehmer. Hierbei wird übersehen, daß die Umstände sehr verschieden sein können. Zweifellos so, daß dem Altschuldner gegenüber dem formell begründeten Anspruch des Gläubigers geholfen werden muß. Es ist aber ebensogut eine Gestaltung der Verhältnisse denkbar, vermöge deren der Altschuldner, nachdem er einmal rechtskräftig verurteilt ist, ein Interesse daran hat, sich dem Gläubiger gegenüber auf den von diesem erstrittenen formellen Standpunkt zu stellen, dessen urteilsmäßigen Anspruch also z. B. durch Aufrechnung zu befriedigen und sich mit dem Übernehmer in einer der Rechtslage entsprechenden Weise auseinanderzusetzen. Will der Gläubiger mit Rücksicht auf die Schuldübernahme die Aufrechnung durch den Altschuldner sich nicht gefallen lassen, und geht er gegen den Übernehmer vor, so kann diesem ein Schutz unmöglich versagt werden.

[46] S. 460 f.

[47] Da Knoke den Einfluß des RBHaftG. vom 22. Mai 1910 nicht in Betracht zieht, so kann dieses Gesetz auch hier unberührt bleiben.

übernahme zutreffen. Man überzeugt sich jedoch sofort vom Gegenteil, wenn man sich nur die Möglichkeit vor Augen hält, daß die Schuldübernahme erst nach erfolgter rechtskräftiger Verurteilung des Reichsbeamten stattfindet. Will der Gläubiger nunmehr gegen den Schuldübernehmer vorgehen, so kann er gewiß nicht auf Grund des gegen den Altschuldner erwirkten rechtskräftigen Urteils eine zur Führung der Zwangsvollstreckung gegen den Übernehmer zu verwendende vollstreckbare Ausfertigung verlangen. Er muß vielmehr gegen den Übernehmer neuerdings klagen. Nicht minder gewiß ist, daß sich der Versuch der Übertragung der in § 70 GVG. bezüglich gewisser, gegen einen Reichsbeamten sich richtenden Ansprüche getroffenen Zuständigkeitsbestimmungen auf einen den Reichsbeamten in keiner Weise mehr berührenden Anspruch des Gläubigers gegen den Übernehmer als ebenso willkürlich als zweckwidrig darstellt. Dieses Urteil verändert sich auch nicht, wenn man die obige Voraussetzung, daß die Schuldübernahme erst nach der rechtskräftigen Verurteilung des Beamten stattgefunden hat, fallen läßt. Wird zwischen dem Gläubiger und dem Übernehmer freilich streitig, ob und in welcher Höhe der Beamte, dessen angebliche Schuld übernommen wurde, Schuldner geworden sei, so ist in Ansehung dieses Punktes die Möglichkeit der Erhebung der Feststellungsklage gegeben, bezüglich deren die Zuständigkeitsbestimmung des § 70 GVG. unmittelbar eingreift.

Knoke hält es sodann für angemessen, daß im Falle der Übernahme einer vom Altschuldner nach den §§ 843—845 BGB. zu entrichtenden Geldrente auch dem Übernehmer gegenüber die Bestimmung des § 324 ZPO. zur Geltung komme. Dem ist beizustimmen. Zu dem von Knoke angestrebten Ergebnis gelangt man aber ohne Zuhilfenahme der Sukzessionstheorie schon auf Grund der Erwägung, daß der Inhalt der Verpflichtung des Übernehmers sich nach demjenigen richtet, wozu der Altschuldner kraft des zwischen ihm und dem Gläubiger bestehenden Rechtsverhältnisses verpflichtet ist. Zum Inhalt der Verpflichtung des Altschuldners gehört aber auch die in den §§ 843—845 BGB. bestimmte Sicherstellungspflicht. Da diese Pflicht — soweit ein anderes nicht festgesetzt wurde — mit übernommen ist, muß sie den Übernehmer auch in dem in § 324 ZPO. vorgesehenen Falle treffen.

In ZPO. § 708 Z. 6 und § 709 Z. 1—3 ist ausgesprochen, daß die Urteile wegen der daselbst bezeichneten Ansprüche auf Antrag ohne Rücksicht auf den Wert des Streitgegenstandes für vorläufig vollstreckbar zu erklären sind. Die Beantwortung der Frage, ob diese Vorschriften auch dem Schuldübernehmer gegenüber anzuwenden sind, bereitet keine Schwierigkeit. Handelt es sich um die übernommene Verpflichtung zur Entrichtung von Alimenten oder zur Entrichtung einer nach den §§ 843, 844 BGB. zu leistenden Rente, so wird an dem wirtschaftlichen Zweck der Leistung durch die Schuldübernahme nicht das Geringste geändert. Die mit Rücksicht auf diesen Zweck getroffene Bestimmung von ZPO. § 708 Z. 6 greift daher auch dem Schuldübernehmer gegenüber genau so durch wie gegenüber dem Altschuldner. Die in ZPO. § 709 Z. 1—3 erwähnten Ansprüche sind so beschaffen, daß bezüglich ihrer eine Schuldübernahme nicht leicht vorkommen wird. Die Möglichkeit einer solchen ist aber doch nicht unbedingt ausgeschlossen. So ist es z. B. wohl denkbar, daß die dem Vermieter obliegende Verpflichtung zur Wegschaffung der im Mietraume sich noch befindenden Sachen oder die Verpflichtung eines Reisenden zur Begleichung der Rechnung des Wirtes von einem anderen übernommen wird. Eine der Absicht des Gesetzes gerecht werdende Auslegung wird in einem Falle dieser Art dem Gläubiger den Vorteil der vorläufigen Vollstreckbarkeit des gegen den Übernehmer erwirkten Urteils gewiß nicht versagen. Die Rechtfertigung für diese Entscheidung liegt auch hier nur in dem wirtschaftlichen Zweck der Leistung.

III.

Die Sukzessionstheorie ist durch die von ihr selbst künstlich gezogenen Schranken außer stande, einer ganzen Reihe von Gestaltungen gerecht zu werden, die ihre befriedigende praktische Behandlung nur durch Anwendung des Rechtes der Schuldübernahme überhaupt oder doch wenigstens einiger für diese charakteristischen Rechtssätze finden können.

1. Die Möglichkeit der Übernahme der Schuld aus einem Wechselakzept durch Vertrag zwischen dem Gläubiger und dem Übernehmer in der Weise, daß der Wechsel unbrauchbar gemacht wird, kann nicht bestritten werden. Die Schuld des Übernehmers ist dann gewiß keine Wechselschuld. Knoke[48] sieht sich aus diesem Grunde zum Schlusse gedrängt, daß keine wahre Schuldübernahme vorliege. Die Vergleichung unseres Falles mit anderen Fällen der Schuldübernahme zeigt jedoch, daß er sich von diesen sachlich nicht unterscheidet, nur springt bei ihm die bei allen Fällen der Schuldübernahme nachweisbare Verschiedenheit der causa der Verpflichtung des Neuschuldners von der Verpflichtung des Altschuldners geradezu in die Augen. Von praktischer Wichtigkeit ist insbesondere, ob im vorausgesetzten Falle § 418 Abs. 1 anwendbar ist. Selbst Knoke hat nicht den Mut, dies in Abrede zu stellen, und weiß auch sonst eine innerlich begründete Abweichung von dem praktischen Recht der Schuldübernahme nicht nachzuweisen.

2. Es ist eine nicht abzuleugnende Tatsache, daß die kumulative Schuldübernahme nicht selten nach einiger Zeit in eine privative Übernahme übergeht. Während v. Gierke[49] sich mit dieser Erscheinung dadurch abfinden zu können glaubt, daß er auch schon die kumulative Schuldübernahme als Schuldsukzession konstruiert, hält Knoke[50], obschon er bei der kumulativen Schuldübernahme mit v. Gierke eine vervielfältigende Schuldsukzession annimmt, die Ausgestaltung einer kumulativen Schuldübernahme zu einer privativen für konstruktiv unmöglich und erhebt er gegen sie auf Grund von § 418 Abs. 1 auch praktische Bedenken.

---

[48] S. 425 f.

[49] Schuldnachfolge und Haftung, S. 34 Anm. 2; vgl. auch S. 78 f. dieser Abhandlung.

[50] S. 453 ff.

Der theoretische Standpunkt Knokes ist begreiflich. Denn selbst derjenige, welcher die kumulative Schuldübernahme unter den Gesichtspunkt der vervielfältigenden Schuldsukzession bringt, muß zugeben, daß die Forderung des Gläubigers gegen den Kumulativ-Übernehmer eine andere ist als die ihm gegen den Altschuldner zur Zeit noch immer zustehende, und deshalb in Verlegenheit geraten, wenn die vervielfältigende Sukzession nun auf einmal die Wirkung einer translativen Sukzession erhalten soll. Die Sukzessionskonstruktion versagt also allerdings. Was sich bei Festhaltung dieser Konstruktion als unmöglich herausstellt, erledigt sich aber sehr einfach, sobald man sich von ihren Fesseln befreit.

Damit den folgenden Ausführungen eine feste Unterlage nicht fehle, sollen sie von der Bestimmung des § 41 Preuß. Eigentumserwerbs-G. vom 5. Mai 1872 ihren Ausgang nehmen; sie lautet:

„Hat der Erwerber eines Grundstücks die auf demselben haftende Hypothek in Anrechnung auf das Kaufgeld übernommen, so erlangt der Gläubiger gegen den Erwerber die persönliche Klage, auch wenn er dem Übernahmevertrag nicht beigetreten ist.

Der Veräußerer wird von seiner persönlichen Verbindlichkeit frei, wenn der Gläubiger nicht innerhalb eines Jahres, nachdem ihm der Veräußerer die Schuldübernahme bekannt gemacht, die Hypothek dem Eigentümer des Grundstücks gekündigt und binnen sechs Monaten nach der Fälligkeit eingeklagt hat.

Ist das Kündigungsrecht für eine bestimmte Zeit ausgeschlossen oder an den Eintritt eines bestimmten Ereignisses geknüpft, so beginnt die Frist mit Ablauf der Zeit oder Eintritt des Ereignisses."

Hiernach trat also vor dem Wirksamwerden des deutschen BGB. im Geltungsgebiete des genannten preußischen Gesetzes im Falle des berufenen § 41 zunächst neben die vorläufig fortdauernde persönliche Haftung des Altschuldners die persönliche

Haftung des neuen Grundstückseigentümers, wurde aber jener unter gewissen Voraussetzungen frei, so daß dann dem Gläubiger nur mehr der neue Erwerber persönlich haftete. Von selbst verstand sich zugleich, daß die hypothekarische Haftung des vom Käufer erworbenen Grundstücks, ungeachtet der Erlöschung der Haftung des früheren persönlichen Schuldners fortdauerte[51].

Ein ähnliches Ergebnis läßt sich auch nach heutigem Recht im Wege der Vereinbarung erzielen, nnd es wäre nur zu wünschen, wenn die im Hypothekenverkehr üblichen Vereinbarungen sich innerhalb der im vorerwähnten preußischen Gesetz gezogenen Grenzen hielten, statt über sie weit hinauszugehen[52].

Knoke entwickelt gegen die Möglichkeit der von den Beteiligten angestrebten Ausgestaltung einer kumulativen Schuldübernahme in eine privative folgendes Bedenken: Eine Anwendung des § 418 Abs. 1 BGB. auf unseren Fall in dem Sinne, daß durch die Einwilliguug des Bürgen oder des Eigners des haftenden Gegenstandes die Haftung des Bürgen, des Pfandes oder des Grundstücks auch auf die Schuld des Übernehmers erstreckt werde, sei ausgeschlossen. Denn die Schuld des Übernehmers könne durch Verzug oder Verschulden eine Erweiterung[53]

---

[51] Darauf war die im Texte berufene Bestimmung geradezu abgesehen.

[52] Nach den ebenso zuverlässigen als bedeutsamen Mitteilungen und Nachweisungen Oberneck in seinem für den 31. deutschen Juristentag erstatteten Gutachten (betreffend Änderung des geltenden Rechts bei Übernahme einer Hypothek) geht das Ziel der Hypothekengläubiger im Falle eines bezüglich des mit der Hypothek belasteten Grundstücks eintretenden Wechsels in der Person des Eigentümers auf Festhaltung der bisherigen persönlichen Haftung des früheren Eigentümers und auf Herbeiführung einer weiteren persönlichen Haftung des neuen Eigentümers, so daß es zu einer dauernden kumulativen persönlichen Haftung kommt. Tatsächlich wird dieses Ziel auf dem von Oberneck angegebenen Wege auch erreicht; vgl. Gutachten-Band II, S. 423 ff. (1912). Dazu noch mein Referat in Verhandlungen des 31. deutschen Juristentags III, S. 136 ff. (1913).

[53] Hierbei läßt Knoke übrigens außer Acht, daß ein Grundstück kraft der Hypothek keineswegs schlechthin für die Verzugsfolgen haftet (vgl. § 1118 BGB.).

erfahren, die die Schuld des Altschuldners nicht berühre und umgekehrt. Der Bürge bezw. das Pfand würde also nicht nur für das Verhalten des Altschuldners sondern auch für das Verhalten des Übernehmers einzustehen haben, während im Falle einer privativen Schuldübernahme eine solche Haftung für das Verhalten von zwei Schuldnern nebeneinander nicht eintrete. Zur Herbeiführung der bezeichneten Erweiterung der Haftung des Bürgen, des Pfandes könne daher auch die vom Gesetz bei der privativen Schuldübernahme zur Forthaftung des Bürgen, des haftenden Gegenstandes für die Schuld des Übernehmers für genügend erachtete formlose Einwilligung des Bürgen, des Pfandeigners unmöglich hinreichen, sondern sei vielmehr neuerliche Bürgschafts-, Pfand-, Hypothekbestellung unbedingt erforderlich.

Diese Auseinandersetzung Knokes beruht auf einem Mißverständnis. Bei der Ausgestaltung einer kumulativen Schuldübernahme in eine privative handelt es sich nämlich gar nicht darum, daß die zur Sicherung der Schuld des Altschuldners bestellten Bürgen und Pfänder auch für die Schuld des Übernehmers haftbar gemacht werden. Zunächst bleibt es dabei, daß die erwähnten Bürgen und Pfänder nur für die Schuld des Altschuldners nicht auch für die Schuld des Übernehmers haften. Zufolge der von den Bürgen und Pfandeignern erteilten Einwilligungen haften die Bürgen und Pfänder erst mit dem Zeitpunkt für die Schuld des Übernehmers, in welchem die Schuld des Altschuldners erlischt und sich dadurch die Umwandlung der kumulativen Schuldübernahme in eine privative vollzieht.

3. Ist es mit dem Wesen der Schuldübernahme vereinbar, daß sie nach Maßgabe der konkreten Absicht der Beteiligten im Verhältnis zwischen dem Gläubiger und dem Altschuldner denselben Erfolg herstellt, wie wenn dieser jenen befriedigt hätte? Die Frage wird von Hellmann im Anschluß an meine Schuldübernahme

bejaht[54], von Knoke verneint[55]. Da ihre abstrakte Erörterung der Anschaulichkeit entbehren würde, muß derselben ein Beispielsfall zugrunde gelegt werden.

Für dieselbe, nur einmal zu bewirkende Leistung haften dem G als Solidarschuldner A und B. Zur Sicherung der Verpflichtung des A besteht für den G eine Hypothek an einem Grundstück des A. Obschon die Last der Schuld im Verhältnis zwischen A und B von diesem allein zu tragen ist, so sieht A doch voraus, daß er den G zunächst werde befriedigen müssen, um dann zu geeigneter Zeit — und zwar, wie er denkt, im Wege der Aufrechnung — gegen B seinen Rückgriff nehmen zu können. Als er das mit der Hypothek belastete Grundstück veräußert, vereinbart er daher mit dem Käufer in Ansehung der Schuld Erfüllungsübernahme[56]. Zufolge dieser ist der Käufer dem A gegenüber zur rechtzeitigen Befriedigung des G verpflichtet. Die Verhältnisse gestalten sich jedoch so, daß der G keinen Wert darauf legt, bei Fälligkeit seiner Forderung durch Zahlung befriedigt zu werden, sondern bereit ist, sich auf eine Schuldübernahme einzulassen, die schließlich unter folgenden Bedingungen zustande kommt: C übernimmt die Schuld des A unter selbstverständlicher Forthaftung der inzwischen durch Löschung voreingetragener Rechte sehr viel wertvoller gewordenen Hypothek. Der G bewilligt dem C eine erhebliche Hinausschiebung des Zahlungstermins und stellt, um dadurch den C dem A gegenüber von der Haftung aus der Erfüllungsübernahme frei zu machen, dem A eine Erklärung des Inhalts aus, daß er bezüglich seiner Forderung gegen diesen vom C auf Rechnung des A befriedigt worden ist.

---

[54] S. 518; er macht sich jedoch der Übertreibung schuldig, daß der Gläubiger bei jeder (privativen) Schuldübernahme im Verhältnis zum Altschuldner als befriedigt anzusehen sei. Um so unbegreiflicher ist sein Festhalten an der Sukzessionstheorie bei der Schuldübernahme.

[55] S. 446 ff.

[56] Hierzu § 329 BGB. Über einen Fall, wo kraft Gesetzes ein Rechtsverhältnis eintritt, wie es sonst durch Erfüllungsübernahme geschaffen wird, vgl. § 2166 BGB.

A tritt dem entsprechend nach § 426 BGB. in das Recht des von ihm befriedigten G gegen den B ein und macht den so auf ihn übergegangenen Anspruch gegen den B auch geltend.

In richtiger Erkenntnis, daß eine Schuldübernahme der hier vorausgesetzten Art mit der Sukzessionstheorie nicht vereinbar ist, spricht Knoke dem Vorgang den Charakter der Schuldübernahme ab. Eine Schuldübernahme soll nach Knoke im Verhältnis zwischen dem Altschuldner und dem Gläubiger nicht als Befriedigung wirken können. Sei letzteres beabsichtigt, so liege eben keine Schuldübernahme, sondern nur die Eingehung einer Verpflichtung an Erfüllungsstatt vor, und entfalle dadurch mit Notwendigkeit die Anwendbarkeit von § 418 Abs. 1. Hiernach würde also in unserem Falle, obschon dem G gegenüber die bisherige schuldrechtliche Haftung des A durch die schuldrechtliche Haftung des C ersetzt wird und obschon das haftende Grundstück dem C selbst gehört, die in § 418 Abs. 1 vorgesehene Forthaftung des Grundstücks für die Forderung des G an den C nicht eintreten, sondern müßte es dem C erst auf dem in § 1180 BGB. bezeichneten Wege durch ein besonderes sachenrechtliches Rechtsgeschäft und Eintragung in das Grundbuch neu haftbar gemacht werden. Das ist aber für den Verkehr umso weniger erträglich, als man sich dabei dem Eindruck nicht entziehen kann, daß gesunde, praktische Bedürfnisse einer formalistischen Denkweise zum Opfer gebracht werden sollen.

Der Beweis für das eben gefällte Urteil ist leicht zu erbringen. Die Bedenken Knokes würden nämlich sofort entfallen, wenn man unseren Fall folgendermaßen verändert: C übernimmt durch Vertrag mit dem G die Schuld des A, bedingt sich aber zugleich aus, daß der nunmehr ohnedies hinreichend gesicherte G seinen Anspruch gegen den Solidarschuldner B dem A zediert. Nachdem diese Abtretung stattgefunden hat, verfolgt A den abgetretenen Anspruch gegen B. Bei diesem Sachverhalt müßte die Forthaftung des Grundstücks für die Forderung des G gegen den C auch nach Knokes Auffassung ohne weiteres eintreten, obschon die praktischen Ziele der Parteien ganz dieselben sind wie bei dem zuerst angenommenen Tatbestand.

Übrigens ist Knoke selbst weit entfernt davon, die Bedeutung seines konstruktiven Bedenkens zu überschätzen. Er legt deshalb eine scharfsinnig ausgedachte Kombination vor, auf Grund deren er den sachlichen Beweis für die Unmöglichkeit einer Schuldübernahme mit gleichzeitiger Tilgungswirkung im Verhältnis des Gläubigers zum Altschuldner führen will. Seine wesentliche Voraussetzung ist, daß sich jemand sowohl für die Verpflichtung des Solidarschuldners A als für die des Solidarschuldners B verbürgt hat[57]. Ungeachtet dieser Doppelverbürgung darf der Bürge mit Sicherheit darauf rechnen, daß er für den verbürgten Betrag, selbst im schlimmsten Falle, nur einmal werde aufkommen müssen. Hieran würde auch dann nichts geändert werden, wenn die Schuld des Solidarschuldners A im Wege einer das Recht des Gläubigers gegen den Solidarschuldner B unberührt lassenden Schuldübernahme von C übernommen wird. Dies ist vollkommen richtig. Nehme man jedoch an — und hiermit gelangt Knoke zur Entwicklung seines sachlichen Bedenkens —, daß die zwischen dem Gläubiger und dem C hinsichtlich der Schuld des A vorgenommene Schuldübernahme im Verhältnis zwischen dem Gläubiger und dem A Tilgungswirkung habe, so müsse der Bürge, wenn er dem Gläubiger wie früher für die Schuld des A, so jetzt auch für die Schuld des Übernehmers hafte, infolge seiner bürgschaftlichen Doppelhaftung den verbürgten Betrag möglicherweise zweimal bezahlen, einmal dem A, auf den die durch die Bürgschaft gesicherte Forderung gegen den B übergangen ist, und zum zweiten Male vielleicht auch noch dem Gläubiger aus der Schuldübernahme. Auch dies ist zuzugeben und zutreffend ist daher auch der von Knoke gezogene Schluß, daß die formlose Einwilligung des Bürgen in die zwischen dem Gläubiger und dem Übernehmer getroffene Vereinbarung die

[57] S. 448. Auf unwesentliche Einzelheiten des von Knoke vorgelegten Beispielsfalles wird im Texte nicht weiter eingegangen.

Haftung des Bürgen nicht in der oben angegebenen Weise erweitern könne.

Knokes Fall ist ein künstlich präparierter und trägt daher auch nicht die Farbe des Lebens in sich. Seine sinnreich ausgeklügelte Anomalie besteht darin, daß das Wofür der bisherigen Haftung des Bürgen eine unvermeidliche Erweiterung erfährt, wenn der für die Schuld des Solidarschuldners B haftende Bürge auch noch als Bürge für die Schuld des Übernehmers haftet, nachdem die Verknüpfung mit der Schuld des B gelöst ist. Der Grund für diese Anomalie liegt aber in der von Knoke angenommenen und praktisch wohl nicht vorkommenden Verbürgung für jeden von zwei Solidarschuldnern durch denselben Bürgen. Denkt man sich die Doppelverbürgung weg, so daß also der Bürge schon von vornherein nur für die Schuld des A haftete, so ist die Möglichkeit, daß der in die Schuldübernahme einwilligende Bürge das Wofür seiner bisherigen Haftung erweitert, ausgeschlossen. Zu berücksichtigen bleibt aber selbst dann noch ein von Knoke zwar nicht hervorgehobener aber doch sehr beachtlicher Gesichtspunkt.

Bei einer Schuldübernahme der hier vorausgesetzten Art muß der für die übernommene Schuld bisher haftende Bürge, wenn man von seiner Einwilligung in die Schuldübernahme vorläufig absieht, aus zweifachem Grunde frei werden: einmal wegen der Ersetzung des bisherigen Hauptschuldners durch einen anderen nach § 418 Abs. 1, dann aber auch wegen der Zerreißung des Zusammenhangs der durch die Schuldübernahme übernommenen Schuld mit der Schuld des Solidarschuldners B. Schon infolge des letzteren Umstandes für sich allein müßte der Bürge für die Schuld des A, weil ihm durch das Vorgehen des Gläubigers die Anwartschaft auf den eventuellen Regreß gegen den B entzogen worden ist, nach § 876 BGB. seiner bürgschaftlichen Haftung entledigt werden. Die Einwilligung des Bürgen ist daher nur dann geeignet, ihn für die Schuld des Übernehmers haftbar zu machen, wenn sie sich nicht nur auf den Wechsel in der Person des Schuldners, sondern auch auf die Entlassung des bisherigen Solidarschuldners B aus dem Gesamtschuldverhältnis bezieht.

Schon bei Papinian (vgl. l. 80 D. 50, 17) finden wir den Satz: in toto jure generi per speciem derogatur. So hat denn auch die Schuldübernahme mit im Verhältnis zwischen dem Gläubiger und dem Altschuldner eintretender Tilgungswirkung ihre Eigentümlichkeiten. Dem muß Rechnung getragen werden. Soweit aber solche Eigentümlichkeiten nicht vorliegen, bleibt es bei dem Regelrecht der Schuldübernahme, so insbesondere bei derjenigen Gestaltung, wo der Übernehmer Eigentümer des mit einer Hypothek für die übernommene Schuld belasteten Grundstücks ist.

4. Zwischen dem Ersteher eines zur Zwangsversteigerung gebrachten Grundstücks und einem aus dem Barerlös zu befriedigenden Hypothekengläubiger kann nach § 91 ZVG. unter den daselbst bezeichneten Voraussetzungen vereinbart werden, daß die Hypothek für den sein Recht auf Befriedigung aus dem Erlös aufgebenden Gläubiger bestehen bleiben solle. „Im übrigen — so lautet die Schlußbestimmung von Abs. 3 des berufenen § 91 — wirkt die Vereinbarung wie die Befriedigung des Berechtigten aus dem Grundstücke.“

Wie verhält es sich in diesem Falle mit der durch die Hypothek bisher gesichert gewesenen Forderung? Es wird als möglich zu erachten sein, daß den Ersteher nach dem Inhalt der getroffenen Vereinbarung eine persönliche Haftung überhaupt nicht treffen soll, so daß also die fortbestehende Hypothek den Charakter der Grundschuld annimmt. Auf eine Vereinbarung dieses Inhalts wird sich jedoch der Gläubiger nicht leicht einlassen, sondern er wird Wert darauf legen, daß der Ersteher eine mit der Schuldpflicht des bisherigen persönlichen Schuldners inhaltlich übereinstimmende Schuldpflicht auf sich nimmt. Diese Absicht pflegen die Parteien derart zum Ausdruck zu bringen, daß hinsichtlich der bisherigen persönlichen Schuld Schuldübernahme vereinbart wird.

Wird dieser Vorgang durch seine Bezeichnung als Schuldübernahme aber auch richtig charakterisiert? Die hierauf von der bisherigen Theorie der Schuldübernahme erteilte Antwort lautet bejahend, und gerade Vertreter der Sukzessionstheorie waren es, die in der vorerwähnten — schon dem früheren Rechte wohl bekannten — Vereinbarung einen besonders wichtigen Fall der Schuldübernahme erblickten. Hieran knüpfte ich in meiner Schuldübernahme[58] an, führte aber zugleich aus, daß gerade dieser Fall besonders geeignet ist, die Sukzessionstheorie ad absurdum zu führen.

Daß die an eine Vereinbarung der hier vorausgesetzten Art sich knüpfenden Rechtsfolgen mit der Sukzessionstheorie nicht in Einklang gebracht werden können, wird jetzt auch von Knoke anerkannt[59]. In seinem Glauben an ihre Richtigkeit läßt sich Knoke aber auch hierdurch nicht erschüttern, sondern er leugnet vielmehr im Gegensatz zur bisherigen Theorie auch hier, daß eine Schuldübernahme überhaupt vorliege.

Da die Verhältnisse, unter denen es zur Übernahme einer durch die bestehenbleibende Hypothek gesicherten persönlichen Verpflichtung des Erstehers kommen kann, große Verschiedenheit zeigen, so muß man sich zunächst die dabei möglichen Hauptgestaltungen vergegenwärtigen. Der einfachste Fall ist gegeben, wenn der Subhastat zugleich der bisherige persönliche Schuldner ist. Dann wird dieser infolge der zwischen dem Gläubiger und dem Ersteher getroffenen Vereinbarung von seiner persönlichen Haftung in gleicher Weise frei, wie wenn der Gläubiger seine Befriedigung aus dem Grundstück erhalten hätte. Nach Inhalt der Vereinbarung tritt aber rücksichtlich der Hypothek am subhastierten Grundstück die Schuldpflicht des Erstehers an Stelle der bisherigen Schuldpflicht des Subhastaten. Nach § 1180 BGB. ist nicht vorzugehen und der daselbst verlangten Buchung bedarf es — wie all-

[58] S. 371/141 Anm. 183.

[59] S. 441 ff.

gemein anerkannt wird[60] — nicht. War die Forderung des Gläubigers nicht nur durch die Hypothek an dem zur Versteigerung gebrachten Grundstück, sondern außerdem noch durch eine anderweite Hypothek oder durch Pfand oder Bürgschaft gesichert, so tritt grundsätzlich Erlöschung aller dieser Haftungen ein. Eine Abweichung hiervon ergibt sich bei einer Gesamthypothek unter der besonderen Voraussetzung, daß der Subhastat gegenüber dem Eigentümer eines anderen mit der Hypothek für dieselbe Forderung belasteten Grundstücks regreßberechtigt ist, dann greift § 1182 BGB. ein, auf dessen Bestimmung hier nicht weiter einzugehen ist. Ob die Erlöschung der vorerwähnten Haftungen durch Einwilligung des Eigentümers der haftenden Sache bezw. des Bürgen ausgeschlossen werden kann, wird später erörtert werden.

Ist zwar nicht der Subhastat, sondern ein anderer der persönliche Schuldner, hat er aber im Verhältnis zu diesem doch die Last der persönlichen Schuld zu tragen, so tritt an Stelle des aus gleichem Grunde wie bei der früheren Gestaltung der Subhastat, frei werdenden persönlichen Schuldners der Ersteher mit seiner persönlichen Haftung ein. Auch sonst gilt für diesen Fall nichts besonderes. Zu ganz anderer Beurteilung muß man dagegen gelangen, wenn der Subhastat im Verhältnis zum persönlichen Schuldner die Last der Schuld nicht zu tragen hat. Unter dieser Voraussetzung wird der persönliche Schuldner, ungeachtet der durch den Ersteher erfolgenden Übernahme der persönlichen Haftung nicht frei, sondern geht vielmehr der gegen ihn sich richtende Anspruch des, als aus dem subhastierten Grundstück und somit auf Kosten des Subhastaten für befriedigt anzusehenden Gläubigers samt Nebenrechten auf den Subhastaten über, wogegen wieder dem Gläubiger gegenüber der Ersteher mit seiner persönlichen Haftung an Stelle des bisherigen Schuldners tritt.

War zur entscheidenden Zeit eine persönliche Schuld, sei es des Subhastaten, sei es eines anderen, überhaupt nicht vorhanden

[60] Auch von Knoke, S. 445 Anm. 70.

und die als Hypothek eingetragene Belastung somit — was aus verschiedenen Gründen möglich ist[61] — bereits zu einer Grundschuld geworden, so kann sich der Ersteher dem Gläubiger in Ansehung des Betrags der bestehenbleibenden Grundschuld zwar auch persönlich verpflichten, bedarf es aber zur Umwandlung der Grundschuld in eine den persönlichen Anspruch des Gläubigers sichernde Hypothek der nach § 1198 BGB. erforderlichen Buchung.

Erscheint endlich nach dem Inhalte der zwischen Gläubiger und Ersteher bezüglich des Bestehenbleibens der Hypothek getroffenen Vereinbarung eine persönliche Haftung des Erstehers als ausgeschlossen, so wird die bestehenbleibende Belastung nicht durch darauf gerichtetes Rechtsgeschäft, sondern von Rechts wegen zur Grundschuld.

Auf Grund der bisher festgestellten praktischen Ergebnisse gelangt man zu folgendem Urteil: Die den Gegenstand unserer Erörterung bildende Vereinbarung zwischen dem Gläubiger und dem Ersteher hebt sich von der regelmäßigen Schuldübernahme sehr erheblich ab[62]. Hierdurch hört sie aber nicht auf, eine besondere Art der Schuldübernahme zu sein[63]. Der hierfür entscheidende Punkt ist, daß für den Gläubiger wie bei

[61] Man denke z. B. an das Eingreifen der Bestimmungen des § 1156 BGB. oder daran, daß in einem Falle, wo eine der eingetragenen Hypothek entsprechende Forderung niemals bestanden hat, einem Zessionar die Vorschrift des § 1138 zustatten kommt.

[62] Knokes Ausführungen leiden darunter, daß er Abweichungen vom Regelrecht innerhalb des Bereichs der Schuldübernahme nicht gelten lassen will.

[63] Vgl auch Jakubezky, Bemerkungen, S. 71. Siehe ferner § 152 österr. Exekutionsordnung, wo mit Bezug auf den hier in Frage kommenden Fall ausdrücklich von einer mit Zustimmung des Gläubigers erfolgenden Übernahme der Schuld durch den Ersteher geredet wird. Ebenso frühere deutsche Partikulargesetze, so insbesondere § 116 preuß. ZVG. von 1883. Wenn § 91 deutschen ZVG. diese Ausdrucksweise vorsichtig vermied, so geschah dies wohl nur deswegen, weil man auf den eigenartigen Fall des § 91 nicht schlechtweg das im BGB. für die Schuldübernahme gegebene Regelrecht übertragen wissen wollte.

der regulären Schuldübernahme an Stelle der Schuldpflicht seines bisherigen persönlichen Schuldners die inhaltlich gleiche Schuldpflicht des Erstehers tritt und daß diese jener auch in Beziehung auf die bestehenbleibende Hypothek — und zwar ohne Buchung — als gleichwertig behandelt wird[64]. Übereinstimmung mit dem regelmäßigen Recht der Schuldübernahme besteht auch nach der Richtung, daß dem die Schuldpflicht des bisherigen persönlichen Schuldners auf sich nehmenden Ersteher dem Gläubiger gegenüber grundsätzlich dieselben Einwendungen zustehen, welche diesem von seinem bisherigen persönlichen Schuldner entgegengestellt werden konnten. Gegenüber dem hypothekarischen Anspruch des Gläubigers freilich können solche Einwendungen voraussetzungsgemäß[65] überhaupt nicht in Betracht kommen und auch gegenüber dem gegen den Ersteher sich richtenden persönlichen Anspruch werden sie tatsächlich keine große Rolle spielen. Ausnahmsweise können sie aber doch wichtig werden, so insbesondere in dem schon früher berührten Falle des Nicht- oder Nichtmehrvorhandenseins einer bisherigen Schuldpflicht des Subhastaten oder einer von ihm verschiedenen Person.

Trotzdem bleibt der Gegensatz zur regelmäßigen Schuldübernahme noch immer groß genug[66]. Bei dieser wird der Altschuldner unbedingt frei und tritt dessen Befreiung kraft des in der privativen Schuldübernahme enthaltenen Befreiungswillens des Gläubigers ein. Bei der auf das im Vorhergehenden bezeichnete Ziel gerichteten Vereinbarung zwischen Gläubiger und Ersteher ist es dagegen möglich, daß, obschon der Ersteher dem Gläubiger gegenüber an Stelle des bisherigen persönlichen Schuldners tritt, dieser nicht frei wird, sondern demjenigen forthaftet, welcher

---

[64] Der praktische Gedanke der Schuldübernahme kommt hiernach auch in unserem Falle zur Geltung.

[65] Denn nach Maßgabe des Sachverhalts war dieser Anspruch bereits vollkommen befriedigungsreif.

[66] Dies war von mir auch schon in meiner Schuldübernahme hervorgehoben worden; vgl. daselbst S. 376 ff./146 ff.

ihm gegenüber regreßberechtigt ist. Wird der bisherige persönliche Schuldner aber wirklich befreit, so ist dessen Befreiuung nicht auf einen in der Vereinbarung mit dem Ersteher enthaltenen Befreiungswillen des Gläubigers zurückzuführen, sondern lediglich die Folge davon, daß die getroffene Vereinbarung kraft ausdrücklicher Vorschrift des Gesetzes im übrigen, d. h. abgesehen von dem Fortbestehen der Hypothek und der die Haftung des bisherigen persönlichen Schuldners dem Gläubiger gegenüber ersetzenden persönlichen Haftung des Erstehers, dieselbe Wirkung auslöst, wie wenn der Gläubiger aus dem Grundstücke befriedigt worden wäre.

Hierdurch erhält zugleich auch die in § 418 Abs. 1 entschiedene Frage, unter welchen Voraussetzungen akzessorische Haftungen, ungeachtet des Wechsels in der Person des Hauptschuldners, fortdauern, für unseren Fall eine ganz andere Bedeutung, als welche ihr für die regelmäßige Schuldübernahme zukommt. Bereitet sich eine regelmäßige Schuldübernahme vor, so muß der in sie nicht einwilligende Bürge des bisherigen Schuldners oder Eigentümer einer bisher haftenden Sache damit rechnen, daß das Zustandekommen der Schuldübernahme an der Versagung dieser Einwilligung scheitern und seine akzessorische Haftung also doch fortbestehen werde. Bei der Entscheidung über die Erteilung der Einwilligung handelt es sich für den Bürgen bezw. den Eigner des haftenden Gegenstandes also nur darum, ob für ihn die persönliche Haftung des Übernehmers der persönlichen Haftung des Altschuldners praktisch gleichwertig ist. In einer ganz anderen Lage befindet sich dagegen der Bürge bezw. der Eigner eines dem Gläubiger, abgesehen von dem subhastierten Grundstück, noch haftenden Gegenstandes im Falle einer zwischen dem Gläubiger und dem Ersteher nach § 91 ZVG. getroffenen Vereinbarung. Erlischt hier die Haftung des bisherigen persönlichen Schuldners, so tritt auch dem Bürgen bezw. dem Eigner des haftenden Gegenstandes gegenüber die im berufenen § 91 Abs. 3 Schlußsatz bezeichnete Wirkung ein, die auch eingetreten sein würde, wenn es zu einer das Bestehenbleiben der Hypothek auf dem subhastierten Grundstück betreffenden Vereinbarung nicht gekommen wäre. Erlischt die Haftung des bisherigen persönlichen Schuldners jedoch aus dem Grunde nicht, weil der Anspruch des Gläubigers gegen diesen auf den Subhastaten übergeht, so bleiben die bisherigen bürgschaftlichen und Sachhaftungen zugunsten des regreßberechtigten Subhastaten bestehen. Die volle Anwendung der Vorschriften des § 418 Abs. 1 auf unseren Fall muß daher als undurchführbar bezeichnet werden.

Einen der vorstehenden Darlegung scheinbar entgegengesetzten Standpunkt nimmt allerdings das Reichsgericht, Entscheid. 70, 415, ein. Der hier entschiedene Fall lag so, daß der Gläubiger sich auf das ihm vom Ersteher und vom bisherigen Bürgen angesonnene Bestehenbleiben der Hypothek und auf die Übernahme der persönlichen Haftung durch den Ersteher nur einließ, nachdem ihm der bisherige Bürge die Fortdauer seiner bürgschaftlichen Haftung zugesichert hatte. Wenn das RG. hier die Frage, ob der Bürge dem Gläubiger hafte, obschon der in § 766 BGB. für Abgabe einer Bürgschaftserklärung vorgeschriebenen Form nicht neuerdings genügt worden war, bejahte, so ist dies im praktischen Ergebnis durchaus befriedigend. Zur Begründung hätte aber die Berufung auf § 778 BGB. ausgereicht, da tatsächlich ein an die Form des § 766 nicht gebundenes Kreditmandat des bisherigen Bürgen vorlag. Die vom RG. aus § 418 Abs. 1 geschöpfte Begründung vermag dagegen nicht zu überzeugen[67].

Nur nach einer Richtung kommt der Grundgedanke des § 418 Abs. 1 auch in unserem Falle zur Geltung: Rücksichtlich der bestehenbleibenden Hypothek ersetzt die persönliche Haftung des Erstehers die dem Gläubiger gegenüber bisher wirksam ge-

---

[67] In meiner Schuldübernahme, S. 376/46 Anm. 190 wurde das im Texte ausgeführte Bedenken noch nicht geltend gemacht. Vgl. aber Knoke, S. 445.

wesene persönliche Haftung des bisherigen Schuldners ganz ebenso wie bei der regelmäßigen Schuldübernahme. Der Vorgang ist aber zugleich so beschaffen, daß er der Sukzessionstheorie spottet. Man wird sich hierüber umso weniger wundern dürfen, als auch schon die in § 418 Abs. 1 für die regelmäßige Schuldübernahme getroffenen Entscheidungen mit der Sukzessionstheorie nicht in Einklang gebracht werden können.

Inhaltsübersicht.

Berichtigungen.

Seite 6, Zeile 11, 12 von oben, statt: Auf die in den genannten Rechten uns entgegentretenden ähnlichen . . . lies: Auf, den in den genannten Rechten uns entgegentretenden, ähnliche . . .

Seite 76, Zeile 13 von oben, statt: dieser bereits einem anderen . . . lies: diesem bereits ein anderer . . .

MIX

Papier | Fördert gute Waldnutzung

FSC® C083411

Kolibri 360 GmbH
Ferdinand-Jühlke-Straße 7
99095 Erfurt, Deutschland
produktsicherheit@kolibri360.de

Druck:
CPI Druckdienstleistungen GmbH
im Auftrag der
Kolibri 360 GmbH
Ferdinand-Jühlke-Str. 7
99095 Erfurt